U0041418

THE BEGINNING OF POLITICS

POWER IN THE BIBLICAL BOOK OF SAMUEL

當權力背叛人民

〈撒母耳記〉中的權力興起歷程，以及我們該如何看待所有的掌權者

墨實 · 霍伯塔
MOSHE HALBERTAL
史蒂芬 · 霍姆斯
STEPHEN HOLMS
高霈芬 譯

目次

推薦序　當政權背叛人民

國立台灣大學教授　苑舉正

本書《當權力背叛人民》的內容，讓讀者感覺到震驚不已的同時，卻又發覺這書中所說的主題是如此的明顯，以至於不得不承認，政治的確是人的宿命。

我們常說：「權力使人腐化，而絕對的權力使人絕對腐化！」本書透過《舊約聖經》的〈撒母耳記〉以及〈列王記〉內容，彰顯了這句話。

〈撒母耳記〉的作者，紀錄以色列人在建國之初的三位領導人，其中包含先知撒母耳，掃羅王，以及大衛王。在濃郁的宗教氛圍中，他們如何經過神的揀選，當上領導，卻在取得權力後，無一例外，經不起權力的誘惑與迷茫，不但違悖初衷，甚至在手握大權之下，做出各種匪夷所思的事。

這是以色列的歷史，也是猶太教的歷史，所以我們看到以色列王國形成之初，神的旨意如影隨行，構成神權政治。神在猶太人的世界裡，展現絕對的權威，而本書的精彩之處，就從這裡展開。

閱讀本書，千萬不要以為在閱讀《舊約聖經》，因為它非但不是宗教內容，而且是極為世俗的，甚至是人性本質的。只要是人所組成的群體，就會有政治關係，這關係囊括所有人，正如同亞里斯多德所說的，「人是政治的動物」。

本書中，有三件事情也構成了強烈的反差，會讓讀者大呼過癮：宗教、道德，欲望。

首先，宗教講的自然是以耶和華為唯一真主的猶太教。關鍵是，猶太人嘴巴說敬畏神，膜拜神，一切聽神的指示，結果以色列的領導，卻在託神旨意，取得大位，擁有大權之後，完全不在乎所做的事在神的眼中是對是錯。我感覺，在權力面前，「神」的地位似乎不怎麼管用了。

其次，道德判斷應該是直覺的認定。這意思就是說，做判斷時，你我都知道這件事能否合乎道德。這原本是非常明白的事情，而且這些做先知，做國王的人，原來在登上大位之前都是道德楷模，但在獲得權力之後，都因為各式各樣自私的理由，被權力沖昏頭，犯下不同的錯誤，甚至連誇張的姦淫、背信、通姦、構陷、屠殺都作。

最後，欲望。這是最有趣的，因為所有政治領導人在獲得權力前，都是沒有欲望的人，更不要說是那種疑神疑鬼，充滿殘暴，驕淫無度的欲望。原先很卑微的人，一旦成為政治領袖之後，欲望伴隨著執政時間，權力逐漸膨脹，終至畸形與變味，讓後人在閱讀過程中不勝唏噓。

這些反差中，最關鍵的地方是，手段與目的的關係。原來從事政治的目的，在於透過權力的手段，追求「為所有人謀福利」這個目的。然而，在權力薰心之下，擁有權力之後，將原先做為手段的權力，轉變成唯一的目的了。至於說愛、忠、義、勇，這種符合道德的理想型目的，卻在私欲的操作下，也成了維護權力的手段。

我們不得不承認，既然人無可避免地參與政治，而權力也就伴隨而生，所以擁有權力的人，慢慢會覺得權力真是個好東西，既能夠發號施令，又能夠予取予求。久了，習慣了，就開始疑神疑鬼，懷疑有人想篡位。不擔心篡位的領領袖就會想玩點新鮮的，最後是無視道德界線，試試自己是不是真的無所不能。

悲劇就這麼發生了。先知撒母耳，掃羅王，大衛王，他們都不例外。雖然三者濫用權力，犯下錯誤的理由不同，但是他們卻共同闡明一個事實：以色列所有領導者在開始時，都極為優秀，結果卻不約而同地因為權力而墮落，對不起原先授與權力的理由，無論這個權力是神授，還是民授。

這本書裡面讓人最震撼的地方是，所有因濫用權力而導致的政治問題，不但發生在以色列王國，實際上這些問題的發生，根本就是政治的一部分！所有人，無論古今中外，尤其是那些能力最強，長相最為英俊，表現最優越，最有希望被推舉擔任領袖的人，他們一旦擁有權力，有可能是人格缺陷，也有可能是誤信饞言，必然就會因權力而腐化，甚至因絕對權力而絕對腐化！

不得不說，這是多麼悲觀的論調啊！最後本書認為，雖然民主制度中的定期改選確實可能是種比較好的制度，但〈撒母耳記〉中所記錄的各種政治暴力絕不僅發生於少數君主政體。閱讀本書後的感覺，一方面驚悚不已，另方面覺得言之成理。

我寧願接受這個論述，但並不認為它是結論。人是不斷追求進步的，在閱讀本書後，我們對於政治、人性、權力，都有更為清晰的理解，在此基礎上，我們更應該注意政治人物的言行，充分利用民主的監督機制，讓政權只能反映人民，不能反噬人民。

有鑑於內容之深刻與清晰，我認為所有人都應該注意政治的本質，鄭重推薦本書！

關於本書使用《聖經》的版本與翻譯

【英文版】

舊約聖經〈撒母耳記〉有許多不同的英文版本，本書作者選用的是羅伯特．奧爾特（Robert Alter）於一九九九年出版的《大衛的故事》（The David Story）。奧爾特分別參考了《馬索拉文本》（Masoretic version）、《死海古卷》（Qumran scrolls）、《七十士譯本》（Septuagint）的文本，來建構《聖經》的〈撒母耳記〉文本。奧爾特清晰傑出的翻譯，使讀者們獲益良多。

此外，奧特爾的文本還有許多其他優點，尤其是他在文本當中，針對政治面向做出了詳細註解，更與這本書探討的中心主題一致。本書的分析也涵蓋聖經的〈列王記〉（the Book of Kings）頭兩章中所記載，大衛晚年的故事。學界一般合理推定這兩章是〈撒母耳記〉當中有關大衛生平的延續與總結，而且是出自同一位作者所寫。

【中文版】

本書引用聖經經文時，主要採用的中文譯本為「恢復本」。引述的經文若有「恢復本」與華人世界最常用的「和合本」兩者經節編號不同之情形，則盡量將兩個版本的經節編號都列出，方便讀者參考。

主要人物介紹

押撒龍 Absalom 大衛排行第三的兒子，長相非常帥氣，又很有群眾魅力，髮型奇特（頭髮也與他的死，有詭異的關係）。他因為親妹妹他瑪遭到王位第一繼承人暗嫩所玷污，於是佈局兩年，成功誘殺暗嫩，一舉剷除通往王位的阻礙。接著自立為王，獲得全國追隨。

亞多尼雅 Adonijah 大衛的另一個兒子，押撒龍的弟弟，依舊是帥哥一枚。他是一個非常搶眼的配角，展現了追逐權力與判斷力喪失之間的關係。他趁著大衛年老力衰的時候自行稱王，受到朝廷軍、政領袖支持。後來這些牆頭草支持者一哄而散，亞多尼雅也幸而獲得了寬免。最後卻做了一個令人傻眼的舉動，被新任國王所羅門處死。

暗嫩 Amnon 大衛長子，王位第一繼承人，愛上同父異母的妹妹他瑪，於是裝病誘姦他瑪，事後又用極其無情、高傲的姿態驅逐他瑪。此事成為大衛王朝傾敗的起點。

拔示巴 Bathsheba 一名貌美的婦人，有天傍晚她洗澡的時候，意外被大衛看見，於是大衛染指了她。接著大衛又設下詭計，用借刀殺人的方式害死了她的丈夫、忠良的軍官烏利亞。她後來為大衛生下所羅門，還向大衛成功爭取到所羅門的繼任資格。

大衛 David 掃羅的繼任者，以色列史上傳奇國王，外表俊秀，善於彈琴，曾以甩石機弦打敗大巨人，因戰功進入掃羅王的宮廷。他對權力感到自在，是個自信又有魅力的戰士。但他執政後亦正亦邪，還曾主導陷害忠良、搶奪人妻的驚人事件。

約押 Joab 大衛的外甥，也是大衛軍隊的元帥，忠心耿耿，專門替大衛幹骯髒事，為了保住大衛的王權而殺人，毫不遲疑。但到了最後，大衛出於不明的原因，透過遺囑的方式，從墳墓裡伸出手來殺了約押。

約拿單 Jonathan 掃羅的兒子，非常愛慕大衛，兩人成為摯友，還向大衛傳遞宮中的情報。此舉惹火了掃羅，差點惹來約拿單的殺身之禍。

米甲 Michal 掃羅的次女，愛上了大衛，卻同時被自己的父親和大衛當成政治工具，達到他們的目的。

撒母耳 Samuel 以色列民族的末代士師，也是掃羅即位之前的以色列領袖。他小時候睡在聖殿裡的時候，聽見上帝呼召他成為先知。

掃羅 Saul 以色列民族第一個國王，由上帝親自揀選、設立。他又高又帥，是個質樸的農民，沒有權力慾望。執政初期甚是賢明，掌權後卻行惡發瘋，個性陰沉難測，最後與三個兒子同一天死在戰場上。

所羅門 Solomon 大衛王的兒子，在繼位之前遭遇自己的兄長搶奪王位的危機。這個事件突顯出菁英派系搶奪大位的可怕衝突與糾葛，以及可能導致的內部治理危機，甚至可能導致政權、家庭的毀滅。

他瑪 Tamar 大衛的女兒，容貌秀美，不幸遭到同父異母的哥哥玷污，事後更慘遭無情的拋棄，失去一切社會地位。

簡介　政治的出現

在聖經文學當中，〈撒母耳記〉（The Book of Samuel）這一卷書（按，今日多分為上、下兩卷），若說具有最高的文學價值，並不為過[1]。若稱〈撒母耳記〉作者寫出了希伯來文字著作當中最優秀的作品，也非誇大。作者到底是誰，至今已難考究，但他除了是一位說故事的大師，更是一位敏銳靈巧的政治觀察者，能看穿複雜的權力結構[2]。他的〈撒母耳記〉之所以是文學傑作，又是政治思想的偉大作品，正是因為**在優美的敘事行文之間，更能直搗人類政治權力運作的核心，把深層結構性的議題，攤開在陽光下檢視**。這些議題的探討層面，遠遠超越書中主要角色的個人故事情節和他們的命運。進一步來說，不管何時何地和事，只要牽涉到人類政治權力，這些深層結構性的議題就有適用的空間。

〈撒母耳記〉作者的成就可說是博大精深，所以〈撒母耳記〉可說是關於人類政治活動的一部尖銳深入、只要持續挖掘就會有豐碩成果的作品。而這，就是本書想要解說的面向。

然而，歷來許多優秀的聖經學者卻僅將〈撒母耳記〉探討權力的部份視為黨派政治文本。可是本書兩位作者的切入點不太一樣。歷史上的聖經學者反覆爭論〈撒母耳記〉的基本立場是支持大衛王（David）還是支持掃羅王（Saul），還是代表著反對君主意識型態的人的看法。在我們看來，這些討論本身很有意思，也有其重要性，但是若真要深入探討〈撒母耳記〉，就有點失焦了。〈撒母耳記〉作者客觀敘述了不同派系的立場，在描繪書中主要角色時也未有偏袒，我們並不認為作者的記載是為了要擁護特定派系。

這種意見分歧造成兩派學說。有些學者認為〈撒母耳記〉的作者不止一人，而每當書中故事進入了政黨交替，此時的作者就由親君主制換成反君主制度（或是反君主制度的作者換成親君主制的作者），要不然就是從反大衛的作者換成了親大衛的作者[3]。這種多重作者的假設，是基於「〈撒母耳記〉當中記載了互相衝突的政治文本」的觀點，但我們認為這個看法並不公允，因為全本〈撒母耳記〉擁有一致的、連貫的作者筆法，把書中各個事件相互串接起來。

另一派學者雖肯定〈撒母耳記〉應是出自單一作者之手，但也懷疑書中對大衛王的描繪含糊不清，可能是為了要替大衛亦正亦邪的行為辯護[4]。我們的出發點不一樣。為了專注探討〈撒母耳記〉對人類政治權力的精闢剖析，我們努力跳脫文本親大衛王或反大衛王、擁護或支持書中哪一個派系等問題。

事實上，〈撒母耳記〉並未偏袒當時互相角力的任何一個政治派系。〈撒母耳記〉作者寫的不是政治書，而是探討政治權力的書。閱讀內容如此深邃廣博的作品時，難免會有所偏頗，我們也不例外。但我們希望，如果可以專注探討〈撒母耳記〉書中對於人類政權運作模式的豐富洞見，就可以對該書的卓越與獨到之處有新的看法。

這本書並不是一部新的「大衛王傳記」，也不是研究大衛在後續的文學或藝術作品中，扮演著什麼樣的角色[5]。與其分析掃羅或大衛的人格特質，我們著重在**對於執政掌權者的探討**，例如，首度出現的世襲君主制度，如何影響了以色列民族在歷史上頭兩個國王的動機與行為。當然，我們的書中也有一個英雄，但是這個英雄並非〈撒母耳記〉中的主要角色，不是大衛王，也不是掃羅王。我們的英雄是寫出掃羅、大衛，以及以色列王的歷史故事的無名作者。這位英雄對於複雜的政治權力運作模式，有著獨特的洞見。

整本《聖經》，特別是〈撒母耳記〉的地位和權威，影響了古今無數的人，這些人想要在古老的聖經傳統中，找出現代西方政治理念的起源，包括共和制度、平等主義等[6]。然而本書並不想要在遠古王國的政治文化中，尋找現代政體的蹤跡。我們反而選擇專注探討那位無名作者仔細描繪的政治權力現象。〈撒母耳記〉之所以在今日讀來仍然活靈活現，並非因為書中的規範教導，**而是因其對政治權力的活潑解析。我們認為，這樣的分析不僅適用於現今的世代，更是在一切「凡是具有權力架構的環境當中」，都能夠適用**[7]。

早期的古近東文學，以及《聖經》當中完成時間早於〈撒母耳記〉之前的書卷，很少對於人類政治有這麼豐富、細緻的描繪。〈撒母耳記〉對政治關係觀察入微、嚴謹檢視，目的並非為了闡述或駁斥以色列週邊民族的神話傳說當中的價值觀或看法——這點和以《聖經》為主要經典的宗教文本來說，很不一樣[8]。〈撒母耳記〉筆法極為鮮活，有高度的原創性，不只公認是目前僅存最早有關政治權力的文本，更是史上第一次出現的該類型文本，呈現了非常成熟的傑出觀點。第一次讀到〈撒母耳記〉對政治現實的先見，馬上就會知道，書中精彩的故事絕對不是出自生澀的思路，不是出自倉促的構思而需要進一步闡釋與補充細節。事實上，〈撒母耳記〉這卷書，對權力的競逐、攫取、濫用、喪失等等之間的牽連，看法極其清晰透徹、完整周延、深切精闢，唯有在事件發生的源頭、在那種「事後無法複製」的當下情境，才有可能寫出這樣的文字。即便到了今日，〈撒母耳記〉仍帶給我們極大的啟發，帶給我們全新的、前所未有的觀點，深深吸引著讀者。

人類的想法會造成許多光怪陸離、難以想像的行為，不能光用「這是他們過去經驗帶出來的結果」這個理由來解釋[9]。但也許〈撒母耳記〉的作者就是透過一種創新的聖經政治神學，才能對政治權力擁有這般的洞見。這種創新的大轉變，讓新的概念和新的經驗有了發展的空間，而〈撒母耳記〉對於政治現實的獨特觀點，也才因此得以鋪張開來。這個創新的變化（以及它背後的邏輯），透過〈撒母耳記〉獲得了呈現與闡述，不僅開啟了一種討論權力的全新方法，也讓新的討論方式、思考方式得以成型。我們想在開始討論本書主題之前，先分析〈撒母耳記〉作者在書中呈現的，那段時間的政治神學大轉變，以及這種轉變所開啟的新領域。

古以色列所處的時代，政治神學是以國土權力為主，此時的君王要不就是神，或是神的肉體化身，或是半人半神、由眾神選立的王，在世上擔任神祇與人類之間溝通的管道。古近東的君主觀當然看法不一，但一般都認為，王權並不是在某個關鍵時刻為了更美好的共同生活，為了徵稅與徵兵而刻意建立的制度（凡人所組成的政權為了共禦外侮，必定會徵稅或徵兵）[10]。此外，基本上君主制度乃是宇宙運作不可或缺的一部分。這種觀念之下，君主的正當性來自神祇，而非來自隨著時間展開的歷史事件[11]。在古近東，廣義來說，君王不僅要攝政，更是宇宙力量不可或缺的一部份，可以維持自然界的穩定。君王藉由行使「祭司」的職分來達成上述目標。《聖經》正典記載的古近東君王和君王的言行舉止當中可見到，王權的神化和一般人對王權的尊重，意味著帝王的個人缺失與過犯、帝王雙重標準的道德界線，極少受到認真檢視[12]。

早在〈撒母耳記〉裡面的精彩故事發生以前，已有一種聖經政治神學反轉了上述的古近東模式：「王即是神」的觀念，已被新的神學觀點「神即是王」取代。神至高無上的王權，本質上與極權君主政治互相抵觸。從另一卷書〈士師記〉可以看出（按，其中記載的故事早於撒母耳記），神的王權在地上不斷延續，地上的執政權完全由神掌控，因此根本不可能出現自主自決的政治制度[13]。在這種前所未聞的新政治神學概念中，神擁有絕對的王權，而〈士師記〉的時代裡，各具魅力、各有特質的英勇領袖前仆後繼地興起，扮演救主的角色，帶領以色列人脫離外侮。

這些戰士／領袖並未行使政治主權中內涵的兩種傳統權力：徵兵權與徵稅權。在充滿暴力、動盪不安、毫無法紀的歷史年代中，這些人忽然化身成為神的代理人，出手拯救以色列民，可是他們的領導地位並沒有傳統的正當性，也未經過事先的規畫或準備。這些領袖呼喚著族人加入戰鬥，大多數時候只能吸引到一小群死忠追隨者，等到領袖過世後，這群死忠人士的戰鬥意志也隨之瓦解[14]。根據〈士師記〉，神在歷史中的奇妙作為不僅在於階段性地興起這些領袖／拯救者，也安排好可能的繼位者。在撒母耳之前的士師時代，以色列不僅沒有常備軍，沒有悠久的共同目標，也沒有中央集權的政治、軍事力量[15]。

這種由神指派的「拯救者」危機領袖模式，使得穩定、組織完善的政治勢力難以成型。在這樣的背景之下，很難出現可以超越幫族世仇、取得最高權力的單一統治者。然而**人類政權最關鍵的基本元素就是追求領導權的延續**。這是因為無人帶領的空窗期會招致外族攻擊，會引發爭奪繼位的暴力事件，還會造成內戰，甚或導致整個社群瓦解。政權空窗引發的各種現實危險，在在解釋了為什麼所有政權的首要目標，就是要確保政權順暢轉移，不得空窗，也不能有派系鬥爭。在危險、不可預測的世界中，世襲君主制是解決政權延續問題的一種方法。也許藉著君王的血脈，就有希望可以和平轉移政權。

在〈士師記〉中的朝代並不是世襲的，由此可看出神的直接政治權力，這也就是顛覆性的「神即是王」新神學。不過當時以色列人渴望君主制度，君主制度看似可以保證政權延續。從士師基甸（Gideon）和以色列人的對話中，可以看出基甸對世襲君主制的強烈不滿：「以色列人對基甸說，你既救我們脫離米甸人的手，願你和你的兒孫管理我們。基甸說，我不管理你們，我的兒子也不管理你們，惟有耶和華管理你們。」（士師記八章廿二到廿三節）。從〈士師記〉的政治神學角度來看，在兩個領導人中間，雖然沒有出現眾人接受的至高無上領袖，但是這段期間內的權力並非真空，這個空缺由永在的神來填滿。神才是真正的王。

「神即是王」這種新的政治神學，就算與今天近東政治制度中最普遍的傳統政治神學觀念也是天差地遠，但「神即是王」的概念也不贊成批判或質疑統治權。「人類政治」從字面上的意思來看，不能、也不應該存在於由神管制的無政府狀態中——一種不穩定的政治狀態，由散落在各地的先知（申言者）和祭司所主持的教派，把大家鬆散地結合在一起[16]。雖然人類偶會背棄神的統治，但是神的權柄仍不能被放大檢視或是拿來做政治分析。

所以要在「王即是神」與「神即是王」兩個極端之間，出現第三種統治型態時，「政治」的概念才會出現。〈撒母耳記〉上記載了許多事件，其中有許多政治事件違逆了神的直接統治。這就是「神即是王」轉移至「王並非神」的概念。這種神學上的轉變帶進了「純」人類政權的建立與認可，進而可以更靈活、深入地探討這種新出現、可自我延續的的政治現實。

〈撒母耳記〉的敘事，〈士師記〉政治神學的轉變，以及以色列首度出現的君主制度，都是人類歷史上的事件，與過去的神話無關。《聖經》中的君主，在大眾面前被立為王，這個王是血肉之軀，不是神，不是宇宙秩序的維護者。君王在宗教儀式上扮演的角色微不足道，也可被取代。君王不能向人民下達神旨，也不是主要的法律頒布者。

不可否認，《聖經》文本也曾用神話的概念來討論君主制度。例如〈詩篇〉的君尊詩章（第二篇、第四十五篇、第一百一十篇）當中的政治神學觀點，就和古近東其他族群有極高的相似度[17]。但是〈撒母耳記〉描繪的卻是完全不同的概念。首先，君主制度是在以色列歷史後期，為了因應特殊情況才出現。當時以色列需要聯合各支派才能抵禦武力、訓練都比以色列更出色的非利士人（Philistines）——非利士人是新的敵國，屢次打敗以色列人。以色列人被現實所逼，遭訓練有素的敵軍壓制，感覺神這個王離他們好遙遠，好似根本不存在。於是以色列人渴望有個人類政權可以替他們組織和管理軍隊，讓這個在地的統治者可以調配人力，組成訓練有素的軍力來抵抗危險強大的外敵[18]。以色列人要求最後一位士師撒母耳替他們建立君王朝代，利用國王的血脈，讓以色列政權得以延續。以色列人希望這個君王可以替他們解決當下最迫切、攸關存亡的兩個政治問題：統一與延續。從《聖經》中可看出，以往以色列民族是透過「親族關係」以及「與神立約」連結在一起，君王是後來建立的體制。所以，以色列王並非宇宙力量的一部分，而是人類歷史中，出於策略而自行創建的制度。君主制度的出現反映了人類在面對強大的外侮時，因為被消滅或被敵人擄掠為奴，因此失去了信心，不再相信「神的絕對王權」這種激進的神學理論。

撒母耳是古以色列君王制度出現之前，最後一位領導者，他本來私心想讓行為不檢點的兒子接續他的先知與士師身份，所以當以色列人請他立以色列王時，撒母耳非常生氣，感覺自己被拋棄了：

撒母耳年老的時候，立了他的兒子作以色列的士師。長子名叫約珥（Joel），次子名叫亞比亞（Abijah）；他們在別士巴（Beersheba）作士師。他兒子不行他的道路，偏去貪圖不義之財，收受賄賂，屈枉公理。以色列的長老都聚集，來到拉瑪（Ramah）見撒母耳，對他說，看哪，你已經年老，你兒子不行你的道路。現在求你為我們立一位王治理我們，像列國一樣。他們說，求你給我們一位王治理我們；撒母耳不喜悅這事，就禱告耶和華。耶和華對撒母耳說，百姓向你說的一切話，你只管聽從；因為他們不是厭棄你，乃是厭棄我，不要我作他們的王。自從我把他們從埃及領上來的日子到如今，他們常常

離棄我，事奉別神；他們素來所行的這一切，現在也照樣向你行。（撒母耳記上八章一至五節，恢復本中譯為一至八節）

撒母耳認為以色列人的背叛是針對自己，他看不到以色列人要求立王背後的全局關鍵。神提醒撒母耳：真正受到影響的是神的王權，以色列人厭棄了神的君主地位，想要像其他國家一樣，擁有一位君王。更早的時候，以色列人也曾要求士師基甸替他們設立君王，當時基甸不悅地回答，王權與神密不可分，無法轉移至人類身上。選立人類君王的行為就是拜偶像，拜偶像就是把神獨有的特性、樣態轉移到其他事物上。這也難怪，從神對撒母耳的話中可以看出，神認為以色列人這個新的要求，就是以色列人再一次棄絕神，尋求他神。

在聖經文本當中，這種拜偶像的行為褻瀆了神至高無上的地位，使神感到憤怒與嫉妒。所以，若這樣的情形發生，我們自然會以為，神會斥責他的子民和「設立人類君王」這種變相拜偶像的行為。然而神卻出乎意料地克制，讓出了自己獨一無二的王位。神吩咐撒母耳，照著以色列人的要求去辦，把神在政治界至高無上的地位讓了出來。

表面上看，神彷彿了解獨佔王權對於世俗的、尤其是對軍事的情勢會帶來什麼後果：神的專一王權會阻斷政權的延續，這對以色列人來說有點太難承受。對這一群生活在艱難環境中的民族來說，每個拯救型領袖（例如以前的士師）之間會出現空缺，加上領袖只是短暫的存在，無法在脆弱、派系眾多的民族當中建立統一局面，也無法建立有組織的穩固勢力，所以人民會產生深沉的政治焦慮，認為神的直接王權對他們來說還不夠。神必須因應人類的需求而調整。於是，神讓出了自己獨有的管制權，將「人類選立君王等於敬拜偶像」這件事除罪化。在「神即是王這種理想的意識形態宣告崩解」以及「不再將君王神化」這兩者之間，半自治的人類政治出現了。神不是王，而王要放棄「神格」，才能在地上做王。

雖然神在這件事上還算寬宏大量，但是要神放棄祂的王權，那麼人類也必須嚐到苦果——這個苦果在〈撒母耳記〉作者對人類政治生活的基本態度當中，是很關鍵的一部份。在全篇〈撒母耳記〉當中，隨處可見這個苦果交織滲透於作者對政治生活的觀點：儘管他的觀點是變動的，有時認為政治是人類物質和心靈上不可或缺的一環，有時認為政治是動盪環境中的權宜之計。無論如何，神感覺自己遭背棄，吩咐撒母耳順著長老和以色列人「我們要像列國一樣有王」的要求，但也要撒母耳「鄭重警戒他們，告訴他們將來管轄他們的王會怎樣行。」（撒母耳記上八章八至九節，恢復本中譯為第九節）。撒母耳在統一的以色列政體出現之際，先點明了一個君王擁有的可怕特權，這些特殊權利讓讀者看見人類政治體制內在的根本問題。首先，**若在位者為了替人民對抗外敵、保護人民安全，而累積出很大的勢力，則在位者就也可以用這樣的勢力來威脅、欺壓自己理應保護的人民**。當然，君王為了國家的防衛而動員人民，人民在一定程度上就必須順從暴君、乖乖繳出資源、失去部份的自由。這點會令人感到不適。

　　所有人類君王都有這些權力，撒母耳也順從神的意思，向以色列人列出人類君王將來享有的特殊權利：

撒母耳將耶和華的話都告訴求他立王的百姓，說，管轄你們的王必這樣行：他必徵取你們的兒子，派他們**為他**趕車，作他的馬兵，奔走在他的車前；又派他們作他的千夫長、五十夫長，並**為他**耕種田地，收割莊稼，打造軍器和車上的器械。他必徵取你們的女兒為他製造香膏，做飯烤餅；也必徵取你們最好的田地、葡萄園、橄欖園，賜給**他的**臣僕。你們撒種所得的，和葡萄園所出的，他必取十分之一，給**他的**太監和臣僕；又必徵取你們的僕人和婢女，精壯的少年人，和你們的驢，供他的差役。你們的羊群，他必取十分之一，你們也必作**他的**僕人（撒母耳記上八章十至十七節，黑體強調為作者所加）。

這段文中，撒母耳清楚列出人類君王的權柄：徵稅權（收取人民的財產）、徵兵權（不問人民意願，強徵年輕壯男從軍）。這些特權是今日所有政權的構成元素，不分君主制或民主制。政府若欠缺這些權柄，就無法抵禦外侮。然而，雖說這些特權可以帶來益處，卻也可以用來做一些跟保護人民安全、增進福祉無關的事情。撒母耳在敘述神所提醒的這段話時，一再使用第三人稱單數，由此隱約可看出撒母耳的嚴厲語調。君王會為了「他的」戰爭、「他的」車隊、「他的」土地而濫用這些特權[19]。領導者從人民身上取得的人力和財產不一定會被善用，在防禦外侮戰爭時保護人民的利益。反之，**統治者為了集體利益而獲得的權力，很可能被用來滿足自己或政權的需要**。統治者與他的黨羽們在追尋自己的榮耀時，會受到誘惑，想要奴役他們理應保護免受敵軍奴役的人民。

以色列人在撒母耳充分警告後，在知情的狀況下做出了決定。以色列人並非搞不清楚這一切會造成的麻煩和犧牲，他們思考後認為，服從君王總比被敵軍擄去好。於是，被以色列人棄絕的神，自願放棄了神的獨一王權，並警告以色列人，祂不會出手救援。「那日你們必因你們自己所選的王哀求耶和華，那日耶和華卻不應允你們。」（撒母耳記上八章十八節）。以色列人得自己想辦法。神允許以色列人自立政府，可以（或必須）對自己的選擇付出代價，後果也都已經清楚告訴他們了。神自願讓出自己的政治權力（雖然並沒有真的完全讓出），這真是個劇烈的大轉變，但也伴隨著後果。雖然神並沒有因為以色列人要求神讓出獨一統治權而打算懲罰以色列人，但是神在危機之時拒絕出手干預，也是一種自然的懲罰方式。也就是說，神的自我限制並非沒有條件、絕對寬容。這會留下隱憂。

雖然撒母耳警告以色列人，君王會濫用王權；神也在以色列人完全了解君王會使人民受苦之後，表示未來將不出手干涉，但是以色列人對於政權的空缺仍感到一種無法克服的焦慮。以色列人一心想要填補兩個「拯救型領袖」之間危險的空缺，完全不顧撒母耳的警告：「但百姓不肯聽撒母耳的話，說，不然，總要有一位王治理我們，使我們像列國一樣，有王治理我們，率領我們出征，為我們爭戰。」（撒母耳記上八章十九至廿節）。撒母耳特意使用第三人稱單數，然而以色列人回應時卻使用第一人稱複數，堅稱王會為「我們」爭戰。

政治的最核心，就是對於安全的迫切需求。以色列人願意（甚至渴望）犧牲神治下不受限制的自由與權利，寧願把自己交付給可以恣肆徵稅、徵兵的政權，只要這個政權可以保護他們免受無情的外侮。所以說，〈撒母耳記〉敘事中的政權，並非霍布斯（Hobbes）哲學的自然狀態——並不是預想未來會出現萬人對萬人的鬥爭，而是歷史環境的產物。〈撒母耳記〉的文字也清楚描繪，這是在管理、軍事力量支離破碎的環境之下，因各支派經常互鬥而產生的不穩定邦聯制度。以色列各支派雖有共同的信仰，卻無法統一，無法追求穩定。支派間衝突不斷，在對抗外侮時也越來越軟弱。也就是說，以色列人嚮往的聯合王國的根基，不在於獨立的個人，而是向外延伸至家庭或支派。

〈撒母耳記〉描述以色列各支派在單一朝代君主之下聯合的優缺點。這是類似文字記載當中最早的範例，寫下了當時歷經的艱苦、競爭，以及怎樣的歷史環境才孕育出這樣的人類政權。然而，以色列的中央政治軍事權力確實是透過祭司儀式設立，在神的恩典之下獲得許可。但是在〈撒母耳記〉後面的故事我們也可以看見，這個政權其實並不完全是由神所立，而是人刻意爭取來的：藉由取巧、蠻力、欺哄、消滅大眾的抵抗之後所得來的。

簡言之：這個人類／非神政治環境之所以出現，是為了填補古近東和早期的聖經傳統，兩種基本運作模式之間的空缺。完全由人類掌管的政治環境是

〈撒母耳記〉的一個基本條件，使作者得以用特殊的文風、非常客觀嚴謹的角度來看待人類政治。〈撒母耳記〉詳細記載了這個關鍵的政治突破，對於這個政體的出現，有著深刻的矛盾情感。通常加冕典禮或是新政權成立時，會伴隨著慶祝活動，但〈撒母耳記〉完全沒有提及這種慶祝事件。反之，政權出現時，書中描繪的是撒母耳與神的憤怒，字裡行間充滿著神的怒氣，可以看出以人為本的聖經政治，並不是無憂無慮的世俗世界。〈撒母耳記〉的作者非常清楚這種政治行為會帶來的麻煩和悲劇，同時又明白政權的出現確實有其必要，勢在必行。〈撒母耳記〉讓讀者陷入了這種很折磨、又很深刻的複雜情緒。

我們稍後還會談到〈撒母耳記〉中其他複雜難解的議題。如果〈撒母耳記〉並非從黨派政治的角度撰寫，那又是從什麼角度撰寫的呢？作者是政治圈內人還是圈外人呢？作者是事件當事人還是邊緣人？作者有怎樣的優勢地位才能寫出這麼有特色的一本書？

在這個新的時代，神成了退休的王，不再行使王的權利，所以必須找到自己新的定位，於是神也成了〈撒母耳記〉故事中的一個角色。雖然神威脅要對以色列人棄之不顧，但我們也會看到，神仍持續參與以色列的每個政治階段，雖然祂的參與方式和過去神仍是王時，大有不同。〈撒母耳記〉最重要的主題以及最大的成就，就是深入探究這樣的轉變（以及其他事件）如何催生人類的自治政權。必須說，作者並非從神的視角來撰寫這段歷史。但是作者下筆時，也確實試圖揣摩神的視角來看待人類朝代君主政權的建立。作者使用了類似這樣的語調：「我不建議這樣的決定。這不是一開始我對你們的計畫。人類君王是你們的決定，我已警告過你們了，你們還是堅持。既然這是你們要的，我也沒辦法拒絕，所以就靜觀其變，你們自己去體會人類政權代表什麼意思，以及我在這之中的角色。」〈撒母耳記〉充滿了神對政治局勢的這種複雜情緒，祂用細緻的、好奇的、按耐憤怒的方式來展現祂的大能。正是因為這種討厭的矛盾情緒，〈撒母耳記〉才能使用正確的態度，對人類的政治體系做整體的描述。從這種矛盾的角度來看，政治被視為人類生存必要的有力元素，然而有政治就一定有背叛，背叛又會導致政治崩解。

〈撒母耳記〉作者生動描繪了人類政權出現之時的強烈不安，同時也清楚點出人類政權的根本問題。作者除了闡述了上述兩個觀點，也描繪了「純人類政權」如何在兩種政治神學交替轉換之際而誕生。這種轉變相當劇烈，也留下了明顯的痕跡。為了寫出毫無偏頗的政治起源，作者也把自己和讀者擺在客觀觀察者的角度，從這個角度來審視人類的朝代政權。作者謹慎地用質疑的角度來探索政治，因此才能有更精確的見解，採用史上最深入的方式來探索人類政治的內部運作機制。

本書分析〈撒母耳記〉中的政治觀點，以及作者如何發掘、闡述政治行為中的各種結構性問題。但本書並沒有依照〈撒母耳記〉的時序和故事順序來分析，本書乃是分析各種不同的主題，這些主題交織在〈撒母耳記〉高潮迭起的事件中。以下將逐項分析這些主題，也會謹慎處理故事中的細節，因為魔鬼就藏在細節裡。

第一章 掌控權力：德行 vs. 現實

〈撒母耳記〉作者在權力上最早（也是最令人震驚）的發現是：**人取得了無上權力之後，最初的遠大抱負會消失，只剩「維持權力」這個目標**。手握大權者對於權力的掌控，以及對於權力光環的執著，導致他們自己的心理狀態都變了（這與權力可以達成的目標大小無關），也使得統治者會為了想要鞏固特權與權能，而建立起一套政治體制。若政治的目的只是握有官位，而不是實現願景或落實政見，那麼政治人物掌權之後，目的就達成了——哪怕一般人以為權位的目的是要保障人民的集體安全。雖然一般人或許會相信政治權力是驅逐外侮、達成集體利益的必要手段，但對於坐擁權力的人來說，政治權力本身就是目標。手段轉變成目標，在古今政治都很常見，而這種反轉又會造成另一種反轉：當權力本身變成當權者緊抓不放的目標，其他更有意義的目標，就會轉變成「用來取得權力的手段」。手握大權的統治者追求的若是權力本身，就很容易把愛、忠誠、神聖、道德義務等其他目標，拿來當成剷除異己、維持政權的手段。因為他們最怕的就是失去權力。

把政治權力中崇高的目標變成工具和手段，又會對人類政治造成更深遠的重大影響。當權者有能力、也會受誘惑而把道德變成手段，所以他們外顯的行為就會出現雙重標準。旁觀者對於這些政治行為，經常會有看不懂的感覺。掌權者替自己的行為護航，只是為了掩蓋圖利自己的政治動機嗎？還是他的行為其實其來有自，由道德驅使？〈撒母耳記〉的作者對此有超凡細緻的描繪，模糊的政治行為和政治熱忱是難解的問題，「對外的藉口」和「內心的私意」之間的關係，會造成剪不斷、理還亂的深遠影響。政治圈常見把道德拿來當成工具，使政治和道德徹底交織在一起，就連當權者本人也無法解釋清楚。這些互相交織的主題——政治核心的雙重反轉：把手段變成目的，又把目的變成手段，以及這種反轉導致的雙重標準政治行為，貫穿整本〈撒母耳記〉，而書中首次清楚呈現這個主題，則見於作者對於掃羅王一生行徑的細膩描繪（掃羅是以色列第一個國王，也是聖經中第一個真正的政治人物）：掃羅為了鞏固政治權力，為心理層面及政治法則帶來的負面影響。

I

以色列人要求立王，神起初感到憤怒，最後妥協讓步，然後掃羅就粉墨登場了。掃羅屬於便雅憫支派，他父親叫基士（Kish），他「又健壯，又俊美，以色列人中沒有一個能比他更俊美的；身體比眾民高過一頭」（撒母耳記上九章二節）。掃羅在外型上有領袖特質，但是接著發生的事件中可以清楚看出，掃羅並不是渴望政治權力和地位的血氣方剛年輕人。

掃羅的故事要從他出門找驢的事開始說起：掃羅的父親叫掃羅帶一名僕僮出去找回遺失的驢子（這趟旅程的終結，是先知撒母耳膏立掃羅為王）。掃羅和僕僮找了半天沒看見驢子，感到有點氣餒。這完全不是權力薰心的人該有的態度。掃羅對僕僮說：「來，我們回去罷，免得我父親不為驢掛心，反為我們擔憂。」（撒母耳記上九章五至六節，恢復本中譯為五節）。掃羅是個貼心善良的兒子，怕父親擔心自己。結果反而是那個僕僮跳出來主導局面，不讓這趟旅程無功而返：「看哪，這城裡有一位神人，是眾人所尊重的，凡他所說的全都應驗。我們不如往他那裡去，或者他能將我們當走的路指示我們。」（撒母耳記上九章六至七節，恢復本中譯為六節）。掃羅的舉棋不定和僕人的主動出擊，形成強烈對比，故事中也記錄了掃羅的另一個擔憂：「我們若去，有什麼可以帶給那人呢？我們囊中的食物都吃盡了，也沒有禮物可以帶給那神人，我們還有什麼沒有？」僕人又回答掃羅說：「我手裡有銀子一舍客勒的四分之一，可以送給那神人；他必指示我們當走的路。」（撒母耳記上九章七至八節）是僕人，而不是掃羅，帶著金錢當禮物給神人（撒母耳），掃羅只是照著僕人的建議去做[1]。雖然掃羅被選立為王，書中對掃羅的描述卻很巧妙：掃羅的性格完全不是利慾熏心的政客。掃羅被立為王之前，完全看不出他的人格中具有撒母耳警告以色列人的那些特質，例如不顧人民死活、對權力貪得無厭。

2

掃羅不渴望權力，是權力渴望掃羅。神選中掃羅，倒霉的掃羅還得被帶到撒母耳這個先知面前才行。神對撒母耳說：「明日大約這時候，我必使一個人從便雅憫地到你這裡來，你要膏他作我民以色列的領袖。」（撒母耳記上九章十六節）。掃羅找上撒母耳，本意是希望撒母耳可以給他一些神助，幫他找到驢子，但是撒母耳卻說他找到的不是驢子，而是王權！這點讓掃羅非常吃驚。撒母耳說：「至於你前三日所丟的那幾頭驢，你不必掛心，已經找著了。以色列所仰慕的是誰呢？不是你和你父的全家麼？」（撒母耳記上九章廿節）。而掃羅的回應非常真實，毫無虛假：「我不是以色列支派中至小的便雅憫人麼？我的家族不是便雅憫支派中至小的家族麼？你為何對我說這樣的話呢？」（撒母耳記上九章廿一節）。撒母耳不管掃羅的堅拒，仍將無心做王的掃羅膏立為王[3]。撒母耳接著使用了他當先知的能力，準確預言了接下來將要發生的事件，藉此說服掃羅：你注定要成為以色列的第一位君王。

撒母耳在郊外暗中膏立掃羅為王，沒有見證人。書中後來記載，撒母耳在米斯巴（Mizpah）這個地方，於以色列人面前又正式立掃羅為王，這事件再一次顯示掃羅本身並不打算接受這個天上掉下來的君王頭銜。在以色列人面前，撒母耳抽籤告訴以色列人，神已經選立了君王。抽出來的第一支籤是便雅憫支派，接著是瑪特利（Matrit）家族，最後又從瑪特利家族中，抽出了掃羅。君王人選決定後，發生了一件尷尬的事：神選立的君王掃羅，不見了。「眾人尋找他，卻尋不著。」（撒母耳記上十章廿二節，恢復本中譯為廿一節）。後來以色列人發現掃羅原來是躲起來了，於是把他拉出來，立他成為他從未想當的王：

眾人就跑去那裡領他出來。他站在百姓中間，身體比眾民高過一頭。撒母耳對眾民說，你們看見耶和華所揀選的人嗎？眾民中沒有一個可與他相比。眾民就呼喊說，願王萬歲！（撒母耳記上十章廿三至廿四節）

這個加冕典禮很詭異，撒母耳還有一點忿忿不平，而掃羅又尷尬低調。一位毫無野心的指定君王，就這樣被趕鴨子上架了。

掃羅不是那種處心積慮爭權的人，他並沒有在登上王位的那一刻就立刻使用他的權力。聚集在米斯巴的以色列人最後失望地散去了：「撒母耳遣散眾民，各回各家去了。掃羅也往基比亞自己的家去，有心中被神感動的一群勇士與他同去。」（撒母耳記上十章廿六至廿七節，恢復本中譯為廿五至廿六節）。掃羅默默回到自己原本的生活，被一些心存疑慮、持反對意見的以色列人譏笑：「但有些匪徒說，這人怎能救我們呢？就藐視他，沒有送他禮物；掃羅卻默不作聲。」（撒母耳記上十章廿七節）。但是，〈撒母耳記〉的作者為什麼要讓讀者知道掃羅沒有理想沒有抱負，也不渴望權力呢？有一說是，只有不尋求權力的人，才值得被託付權力。但是從〈撒母耳記〉文中可以清楚看出，作者想要表達完全相反的觀點。掃羅的兩次加冕是個鋪陳，接下來讀者就會看到，就算是像掃羅這種不愛算計、不愛出鋒頭、沒有野心的個性，在坐擁大權之後也會腐敗。

可是掃羅真正建立威信、新政治體系真正出現（永久性的中央政治勢力，有權徵稅、徵兵），都不是因為掃羅被暗中膏立為王，也不是因為掃羅在以色列人面前登基，而是因為某次戰爭勝利奠定的基礎。撒母耳記上十一章記載，亞捫（Ammonite）王拿轄（Nahash）對基列雅比人（Jabesh-gilead）提出了一個很羞辱的招降約定（基列雅比位在以色列部族的最東邊，暴露在敵人之前）：剜出每個基列雅比人的右眼，用臉上永不能抹滅的傷，表示基列雅比戰敗，也藉此消滅基列雅比的軍力，使他們無法抵禦外侮；同時更藉此羞辱以色列神。基列雅比的使者趕緊跑到掃羅在基比亞的住處請求支援。新上任的君王掃羅當時仍躊躇，還在種田，尚未實際執行領導權：

掃羅正從田間趕牛回來，問說，百姓為什麼事哭呢？眾人將雅比人的話告訴他。掃羅聽見這些話，神的靈衝擊他，他就甚是發怒。他將一對牛切成塊子，託付使者傳送以色列的全境，說，凡不出來跟隨掃羅和撒母耳的，也必這樣待他的牛。於是耶和華使百姓懼怕，他們就都出來，如同一人。（撒母耳記上十一章五至七節）

亞捫王想要羞辱以色列人，所以掃羅震怒了，忽然有了轉變，拋下私人的田園生活，不再是那個不願當國王、不願行使君王職分的心境了。掃羅就像是〈士師記〉當中那些充滿個人魅力的領導者一樣，開始組織軍隊，威脅不肯出兵幫助基列雅比的支派們，要斷了他們的經濟來源。這個做法成功擊敗了亞捫人。

〈撒母耳記〉作者在描繪為了爭奪肥沃耕地而戰爭不休的年代時，非常明白決定性的勝仗是合理建立政權最有效的方式。掃羅戰勝後的故事是這樣的：「百姓對撒母耳說，那說掃羅豈能作王管理我們的是誰？可以將這些人交出來，我們好處死他們。」掃羅說：「今日不可有人被處死，因為今日耶和華在以色列人中施行了拯救。」（撒母耳記上十一章十二至十三節）掃羅於是開始行使君王的職權，建立了一個永久的王室，還有一小支軍隊。他不再耕田了。戰爭的勝利讓掃羅初嚐權力滋味，以及行使權力的信心。就連起初態度存疑的撒母耳都被掃羅的勝仗給動搖了。這場勝利之後，撒母耳舉行了第三場加冕典禮[4]，這一次，以色列人與掃羅本人全都真心立掃羅為王：

撒母耳對百姓說，來吧，我們往吉甲去，在那裡重新立國。眾百姓就到了吉甲，在吉甲那裡，在耶和華面前立掃羅為王，又在耶和華面前獻平安祭；掃羅和以色列人都大大歡喜。（撒母耳記上十一章十五節，恢復本中譯為十四至十五節）

從這時起，〈撒母耳記〉的作者就把記載的重點，放在掃羅態度的大轉變。掃羅起初沒有野心、態度謙虛，忽然間被賦予權力，後來卻被這個意外的權力給轄制住了。

不論掌權者是處心積慮爭權，還是意外獲得龐大權力，都會受到權力影響。**擁有至高無上權力的掌權者意識到身邊的人對自己尊敬萬分，也會開始自我崇拜。一旦嘗過這種令人沈迷的至高權力，放棄權力就會像是失去了自我。**世襲職位更是如此，因為世襲職位彷彿給了掌權者長生不死的承諾。就連撒母耳也一樣：撒母耳的先知職位不是來自世襲血脈，他媽媽本來生不出孩子，後來上帝賜給她的禮物就是撒母耳這個孩子。上帝設立撒母耳成為領導者，是為了要對抗陳腐的祭司體系，但是在面對失去世襲權力之際，撒母耳也心有不甘，強烈不滿。他晚年希望自己的兒子可以繼承他的領導地位，雖然這兩個兒子根本就不配。撒母耳感覺自己被以色列人背叛了。似乎是神強逼著撒母耳違逆自己的心願，去膏立另一個人當王。即便掃羅戰勝了亞捫人等外敵，撒母耳非常討厭掃羅這個由他所親自膏立的王，這股怨念一直持續，從未消退。雖說撒母耳親眼看見掃羅個性單純，根本不想當王，但撒母耳依舊認為掃羅不配當王，掃羅是篡奪自己職位和權力的人。雖然掃羅經驗不足，當國王註定會出錯，但我們也會看到，撒母耳簡直不遺餘力，快要把掃羅逼瘋了。

〈撒母耳記〉故事生動、洞見精確，記載宗教會對政權的穩固或傾覆，扮演多麼複雜的角色；也記載撒母耳為了打擊掃羅未來的自信，是否替掃羅設下陷阱。文中寫道，掃羅暗中被膏立為王後，撒母耳叫掃羅去吉甲（Gigal）等他七天，兩人一起獻祭給神[5]。作者在處理這段時非常小心，並沒有說這是神的旨意，這是撒母耳自發性的行為，可能是出於撒母耳想要維持權力的慾望，想要藉由儀式，確立自己和新王之間的位階關係。同時間，非利士人正在備戰攻打以色列，掃羅已編組以色列軍兵。七日過了，撒母耳遲遲不出現，掃羅也失去了耐心，以色列軍隊開始軍心渙散，因為已在備戰狀態的軍力若是未能一鼓作氣上戰場，很容易瓦解。但這也反映了掃羅在面對烏合之眾的各部族時，缺乏統整能力。時間漸漸過去，許多以色列人乾脆離開了軍隊，留下來的人也感到無力又害怕。為了提振低靡的士氣，必須獻祭換取神承諾會打贏。這時掃羅已經不指望撒母耳出現了，而且軍心渙散，加上強大的非利士人兵力，在在讓掃羅備感壓力。於是掃羅決定不等撒母耳，自己搶先獻祭。根據〈撒母耳記〉的描述，撒母耳出現的時間應該不是意外[6]：心急如焚的掃羅剛剛自行獻祭之後，撒母耳就立刻出現了：

剛獻完燔祭，撒母耳就到了；掃羅出去迎接他，向他問安。撒母耳說，你做的是甚麼事？掃羅說，我見百姓離開我散去，你也不照所定的日期來到，而且非利士人聚集在密抹（Michmash），我心裏就說，現在非利士人就要下到

吉甲攻擊我，而我還沒有求耶和華的恩惠；所以我勉強獻上燔祭。（撒母耳記上十三章十至十二節）

掃羅的理由很合理，他也充滿懊悔，但是撒母耳卻故意斥責掃羅，意在造成掃羅的心理壓力：

撒母耳對掃羅說，你作了糊塗事了，沒有遵守耶和華你神所吩咐你的命令。若遵守，耶和華必在以色列中堅立你的國，直到永遠；但現在你的國必不得繼續存立。耶和華已經為自己尋著一個合乎祂心的人，耶和華已經立他作百姓的領袖，因為你沒有遵守耶和華所吩咐你的（撒母耳記上十三章十三至十四節）。

掃羅因為軍情危險，而犯了宗教上的錯誤，讓等著搞垮掃羅的撒母耳逮到了機會。

把有意義的目的變成非必要的手段，包括為了爭權而把宗教及神聖事物工具化，是〈撒母耳記〉的關鍵主題。在這個激烈的小故事中，就已經點題了。戰爭前必須先獻祭。掃羅這個新時代君王的沒有宗教獻祭權，撒母耳這位先知堅持獻祭的行為必須由他本人執行。撒母耳強調自己握有宗教儀式的全權，這是這位充滿怨念的先知的手段，藉此操弄激烈的權力競爭。撒母耳自認可以獨攬獻祭儀式權，也以此威脅受膏君王的王位。掃羅則是雙面受壓，一面是艱險的戰局，一面又是撒母耳搞失蹤，所以掃羅不得不違背先知的命令。如此很難讓我們不做出一個合理推論：撒母耳的怨懟以及他希望掃羅失敗的情緒，也影響著接下來發生的事情。

掃羅上任後第一次出錯，可說是撒母耳以宗教之名刻意操弄的結果；接著膏立掃羅為王的撒母耳，竟說出了凶兆，表示掃羅的國要亡了。〈撒母耳記〉文中提到，撒母耳這位先知狡詐地責備了掃羅的過犯，但這完全是撒母耳自己天然人的動機。撒母耳聲稱神已經選立了掃羅的接班人，但讀者都知道，神尚未選立（撒母耳希望出現的）繼任者，撒母耳只是想藉此預判掃羅死刑[7]。可是神在這齣劇中悶不吭聲，因為這時神和宗教完全成了爭權的工具。憤怒的先知撒母耳沒有加入掃羅王的戰鬥序列，掃羅只好孤軍奮戰：「撒母耳就起來，從吉甲上到便雅憫的基比亞。掃羅點閱跟隨他的，約有六百人」（撒母耳記上十三章十五節）。就連撒母耳這般虔誠的人，要他讓出權力——包含要傳給男性後代的世襲權力——都很困難。這個事件教我們的最大功課，就是爭奪世襲權力時會產生極其狂暴的情緒。撒母耳運用他的宗教地位來污衊、打擊他一廂情願認為是來毀滅他的人。〈撒母耳記〉作者在描述這個高潮迭起的故事時，想要表達的是：就連被虔誠信奉的宗教，都可能成為爭權的手段，把神聖事物當成武器，用來競爭權力地位。

掃羅在宗教上的第二次失敗，把掃羅和撒母耳之間的關係完全斬斷了，而這次，神也公開斷絕了與以色列第一位受膏君王之間的關係。壓倒駱駝的最後一根稻草，是撒母耳依照神的吩咐要求掃羅發動聖戰，滅絕亞瑪力人（the Amealekites）。掃羅確實殺光了亞瑪力人，但是卻留下了上好的牛，又放過了亞瑪力王。聖戰要求的「滅絕」（herem）禁止這樣的行為，也就是不能使用戰利品來滿足人類的需要[8]。撒母耳聽聞掃羅的過犯，便直接怒斥掃羅，這次用更嚴厲的口氣表示神已否認掃羅的君王地位。〈撒母耳記〉作者在記錄了這段嚴厲的訓斥後，生動描繪憤怒的先知和挫敗的君王難堪的分道揚鑣：

撒母耳轉身要走，掃羅扯住他外袍的衣邊，衣邊就撕斷了。撒母耳對他說，今日耶和華已將以色列國從你身上撕斷，將這國賜給與你親近的人，他比你更好。以色列的尊高者必不說謊，也不後悔；因為祂並非人，絕不後悔。

（撒母耳記上十五章廿七至廿九節）

這裡提到，神棄絕掃羅已成定局，這是神的旨意，神的話不像人類容易改變。讀到這起事件的最後，可從作者的文字中感覺到神後悔當初選立掃羅為王：「撒母耳直到死的日子，再沒有去看掃羅；但撒母耳為掃羅悲傷。耶和華也後悔立掃羅為以色列的王」（撒母耳記上十五章卅五節）[9]。神立的永約，成了可改變、可反轉的，但是這是為了懲罰掃羅，不是為了幫助掃羅[10]。掃羅到後一口氣之前，都還固執地想要翻轉先知撒母耳的黑暗預言。掃羅往後的日子非常艱苦、孤獨，想要保留王位卻徒勞無功，於是掃羅成了聖經中相當悲慘的角色。

此時掃羅心中深植著不安和失去的恐懼，無法抹滅。但是神與掃羅斷絕關係之後，掃羅並沒有因此而退縮或交出權力，反而更加死守著自己的王位。本來純真的掃羅上任時非常不情願，現在卻對權力無比執著；關於掃羅退位的預言，反而讓掃羅更緊抓著權力不放。掃羅進入了恐慌的自我懷疑迴圈：失心瘋地想剷除威脅自己權力的人，又知道有個「比你更好」的人已被選立，正等著篡位，這令他更加不安。掃羅的競爭者即將繼位，這個人是大衛。這個競爭者的現身，給了掃羅的追隨者離開掃羅的理由和動機，讓掃羅陷入了僵局。世襲權力徹底控制了坐擁權力者，掃羅非常擔心失去權力，哪怕他一開始根本不追求權力，現在卻已喪心病狂。

撒母耳與掃羅斷絕關係的下一章，大衛登場了。神為了展現取代掃羅的決心，便要撒母耳到伯利恆（Bethlehem）找耶西（Jesse）一家人，膏立掃羅的繼位者為王。但是撒母耳面對這個命令卻感到驚慌失措：「我怎能去呢？掃羅若聽見，必要殺我」（撒母耳記上一章六節）。掃羅年輕時躲起來不肯稱王，現在卻成了會殺人的恐怖兇手，就連可以讓他王位不保的先知也怕他了。至高無上的權力就是有這般能力，可以徹底改變擁有這種權力的人。

神為了保護先知免受掃羅的威脅，建議撒母耳假裝去伯利恆只是要執行獻祭筵席，而非要膏立新王，這樣就可以自然地邀請耶西一家來參加。撒母耳聽從神的作法，考慮了耶西的七個兒子，卻找不到適合人選[11]，最後把正在放羊的小兒子大衛找來，在大衛的哥哥們面前，膏立大衛為王。「從那日起，耶和華的靈就衝擊大衛」（撒母耳記上十六章十三節）。

掃羅的繼位者已被選立，大衛的登場自然對掃羅造成莫大的威脅。作者在這裡增加了戲劇張力，以及這件事對掃羅精神上的影響：幾乎沒有轉場，就把大衛直接放到掃羅的王室中，成為掃羅的親信。大衛和掃羅如此親近，至高權力的廝殺爭奪就在掃羅、親信以及大衛之間，變得錯綜複雜。親信間的複雜關係和對立忽然展開，作者便藉此更深入探索以色列中央集權和世襲主權的出現，如何導致贏者全拿這種危險的競爭。

〈撒母耳記〉有兩處寫到大衛這個出身伯利恆的牧羊人、被偷偷膏立的未來國王，如何成為掃羅的親信。根據第一個記載，前途暗淡、意志消沉的掃羅王緊抓著權力不放。掃羅被膏他為王的先知所棄絕，又得知將有一個比他更有才、更受愛戴的競爭者取代自己。掃羅的僕人為了緩解掃羅長期的憂鬱情緒，便介紹大衛給掃羅，因為大衛善於彈琴。大衛的音樂安慰了掃羅，趕走了掃羅身上附著的惡靈，文中也寫道「掃羅甚喜愛他」（撒母耳記上十六章廿一節）。用這種方式把大衛帶到掃羅的王室，主要強調掃羅在情緒上非常依賴大衛，大衛的琴藝可以平撫掃羅不穩定的情緒。由此也可以看出，日後掃羅的心情都會受他跟大衛之間的複雜關係影響。掃羅的情緒極端搖擺不定，一方面痛恨競爭者，一方面又喜愛、賞識大衛，甚至把大衛當作自己的兒子。

而第二處提到，大衛被帶到掃羅王室，不是因為大衛擁有用音樂撫慰人心的天賦，而是因為大衛的英勇和野心。根據描述，掃羅第一次注意到大衛時，大衛還是個幼年的牧羊人，大衛的父親派他替哥哥們送點糧食過去。哥哥們加入了掃羅的軍隊，正在以拉谷（Elah Valley）與非利士人作戰。兩軍對峙之時，非利士的大巨人歌利亞（Goliath）出來叫陣，要以色列派一個人與他單挑，決定戰爭勝負。大衛得知歌利亞對以色列下的戰帖，以及王承諾給赴戰之人的獎賞，便自願與巨人作戰，於是被帶到了心有疑慮的王前。大衛充滿自信、野心勃勃，掃羅的軍隊又疲軟無力，掃羅只好讓這個牧羊童上陣[12]。大衛漂亮地擊敗了歌利亞，加入了掃羅的王室，成了掃羅王最信任的官員。

大衛在王室中的地位瞬間提升。他的魅力難以抵擋。掃羅喜愛大衛，掃羅的兒子約拿單（Jonathan）、女兒米甲（Michal）也都喜愛大衛，以色列和猶大支派也都愛他。掃羅當初抗拒從政，〈撒母耳記〉卻把大衛描述為膽識過人，在聚光燈下也相當自在。時間一久，陰鬱的掃羅王便開始把受人喜愛的大衛視作威脅。在種種壓力和情緒之下，發生了一件事情，讓掃羅內心忍耐已久的敵意和嫉妒爆發了：

> 大衛打死了那非利士人，同眾人回來的時候，婦女們從以色列各城裏出

來，歌唱跳舞，打鼓、歡唱、彈琴，迎接掃羅王。眾婦女舞蹈唱和，說，掃羅殺死千千，大衛殺死萬萬。掃羅甚發怒，不喜悅這話，就說，她們將萬萬歸大衛，卻只將千千歸我；除了王位以外，還有甚麼沒有給他？從那日起，掃羅就嫉視大衛。（撒母耳記上十八章六至八節，恢復本中譯為六至九節）

掃羅從不想稱王，到現在不由自主地心生懷疑，感到害怕，開始密謀保住自己的王位，想要反抗撒母耳的預言，先是暗中、後來又明著要殺大衛。〈撒母耳記〉作者描繪掃羅無所不用其極鞏固當初被動接受的權力，藉此強調政治權力對掌權者產生的心理影響。作者在這裡又回到了政治中另一個最深層、最麻煩的問題——導致自我毀滅的「工具化」。作者詳細記載兩個個性截然不同的君王的興起與治理，揭露了把目的當成手段，以及把手段當成目的兩者之間在理論上的有趣關聯。如本章開頭所述，這大概是〈撒母耳記〉最中心的主題，可能也是與我們現在持續經歷的政治最有關聯的概念。

渴望政權的人或執政者，若碰到可能會把自己的軍力和政治支持者帶走的對手，便不會使用符合道德的手段來對付對手，反倒會利用原本應該要用來增進社群福祉的權力，以求滿足自己鞏固政權的膚淺需求。掃羅有次預謀殺害大衛時，這個情況就浮現了出來。掃羅聽聞他的次女米甲愛上了大衛，於是從長計議，規畫了一場縝密的行動：「掃羅的次女米甲愛大衛；有人告訴掃羅，掃羅就喜悅。掃羅心裏說，『我要將這女兒給大衛，作他的網羅，好讓非利士人下手害他。』」掃羅吩咐臣僕說：

你們暗中對大衛說，「看哪，王喜悅你，王的臣僕也都喜愛你，所以你當作王的女婿。」掃羅圖謀要使大衛喪命在非利士人的手裏。掃羅的臣僕就把這些話說給大衛聽，大衛就歡喜作王的女婿。日期還沒有滿，大衛和跟隨他的人起身前往，擊殺了二百非利士人，將他們的陽皮帶來，滿數交給王，為要作王的女婿。於是掃羅將女兒米甲給大衛為妻。掃羅看見且知道耶和華與大衛同在；掃羅的女兒米甲也愛大衛。掃羅就更怕大衛，從此一直作大衛的仇敵。（撒母耳記上十八章廿一至廿九節，恢復本中譯廿至廿九節，語序略有不同）。

在掃羅的計畫中，米甲純純的愛成了誘餌，愛人若上鉤，就是死路一條。文中可以看出，掃羅發現女兒愛上大衛時非常開心，但不是出自父親的喜悅，而是出自致命的權力競爭。掃羅利用了女兒單純的愛，當成工具來消滅王位競爭者。掃羅心想，非利士人一定會殘暴地對付大衛，大衛必死無疑。文中特別強調米甲情感上的脆弱，因為前文從未如此描繪女性對男性的愛。學者羅伯特．奧爾特（Robert Alter）指出，這是聖經文學中，首次描繪女性對男性的愛情[13]。掃羅的計畫若得逞，女兒米甲將會完全崩潰，但是掃羅根本沒有考慮到這點。不管掃羅對女兒的父愛到底有多少，都遠不及他想要替自己和兒子鞏固權力的欲望。掃羅把米甲純真無邪的愛當作工具，用來鞏固他怎麼也留不住的世襲王位，一點也不感覺良心不安。

掃羅的計畫感覺可能會成功。這是因為掃羅現在已經搞懂了野心和權力慾望的運作模式，所以他確信大衛也一樣，會毫不猶豫地把米甲對他的愛當作達成一己之私的手段。掃羅的假設是對的。羅伯特·奧爾特也指出，〈撒母耳記〉此處和文中其他敘述，都刻意模糊描繪大衛的內心世界[14]，卻記錄了其他人如何對大衛深深著迷，作者刻意避免提到大衛自己的感受。約拿單非常喜愛著大衛。但是大衛愛約拿單嗎？大衛愛米甲嗎？讀者不得而知。含糊的描述創造了神秘的魅力。作者不讓讀者看清大衛的內心動機和情感，高明地營造了大衛的神秘氣質。然而，雖然無法清楚洞悉大衛的動機，掃羅還是認為大衛也一樣會利用米甲的愛情，當作權力的跳板。王室婚宴可能有助於大衛未來做王。大衛擅言詞，工心計，在與掃羅僕人對話時，刻意不公開表示自己很想成為王的女婿。但是掃羅知道大衛的刻意收斂是他的計謀。掃羅和大衛都打算利用米甲，不過大衛的目的是要用米甲來攏絡自己的政治勢力，而掃羅是打算利用米甲來殺害米甲的愛人[15]。大衛把米甲當作工具的方式在傳統社會中很常見，但是掃羅的做法卻是道德淪喪。結局是，這一局大衛全贏：掃羅要求大衛殺掉一百個非利士人，大衛殺了兩倍，因而得以與王室建立姻緣，又助長了大衛內心想要接續掃羅為王的慾望。

愛情在本質上並非相互利用的關係。你愛的對象不是你達成目標的手段，你愛的是這個人本身。但是掃羅把女兒當作工具，計畫殺害她的愛人，違反了父愛應有的保護原則。米甲的故事非常經典，道出把不該被利用的關係變成工具的問題：在上位者和貪念權力的人，在尋求權力時，心會受到污染，甚至不惜破壞愛的價值。〈撒母耳記〉的作者暗示，肆無忌憚的「政治工具化」是個毒藥，甚至會滲透至人類最穩定的關係——父親對子女的愛[16]。

II

從很多方面來看，關於大衛特質的描繪，都與掃羅完全相反。本書無意過度簡化掃羅和大衛的複雜人格特質，但可以說，掃羅比較容易自我懷疑、沒有抱負，而大衛則是相信自己的王權、野心滿滿、自命不凡。掃羅長期痛苦、容易焦慮、很好讀懂，而大衛則是永保冷靜、善於心計、捉摸不透。這種個性上的衝突讓故事變得更有層次、更豐富，但更重要的是，這還提供了作者另一個探索政治權力的視角：性格截然不同的政治人物，在行使權力時會有怎樣的差異。

「把手段變成目的，把目的變成手段」這種政治最核心的雙重反轉，可說是掃羅王和大衛王治理下以色列的關鍵特色。然而，比較掃羅和大衛這兩人，還可見到第三個尖銳的主題——亦即這種雙重反轉導致政治的動機和行為難以辨識，撲朔迷離，在大衛的身上尤其明顯。要仔細剖析第三個主題，就需要先深入探討這兩人的差異。

大衛和掃羅很不一樣。〈撒母耳記〉把大衛描繪成對權力感到自在的人，自信又得體，是個堅毅、有能力、有魅力的戰士。兩個角色的反差在他們初登場的時候就已表露無遺。大衛登場時是個年輕的牧羊人，為了保護羊群可以獨力殺死獅子和熊；後來為了保護以色列人，又自願面對比自己更強大又可怕的大巨人，單獨出戰歌利亞。

掃羅的出場完全不同，掃羅只是個被父親派去尋找迷路驢子的年輕人，被動地稱王。可能就是因為這樣的反差（加上其他因素），讓掃羅心生嫉妒[17]。

大衛的政治權力似乎得來不費吹灰之力，輕輕鬆鬆地成為君王，根本沒有努力爭取。掃羅希望自己可以像大衛一樣，但他辦不到。大衛的輕鬆興起，或許就是掃羅王執著地想要毀滅這個挑戰者的原因，因為掃羅王不論是才智或氣質，都比不上大衛。

掃羅努力想保住自己和後代的王位，卻沒有成功；他悖逆了神的旨意，最後癲狂了。發瘋的特色，就是內心世界展露無遺。一般人在面對外人時會有一層保護膜，不讓外人看透自己內心的混亂，但是癲狂的人沒有了這層膜。掃羅脫去了這層保護膜，他的心思一眼就可看穿，錯亂狀態完全顯露在外。而「正常」人會用這層膜來保護自己。掃羅無法控制自己的憤怒，導致他的外在形象與內心世界的疆界逐漸瓦解。〈撒母耳記〉作者巧妙描繪這種心理上的崩解，寫下了掃羅癲狂的事件：「次日，從神那裏來的惡靈衝擊掃羅，他就在家中胡言亂語。大衛照常用手彈琴，掃羅手裏拿著槍。掃羅把槍一掄，心裏說，『我要將大衛刺透，釘在牆上。』大衛躲避了他兩次。」（撒母耳記上十八章十至十一節）

希伯來原文在描述掃羅的心理狀態時，提到掃羅「胡言亂語」，這個詞的希伯來文是動詞va-yitnabe，直譯為「他說出預言」。在當時，說預言就是一種「忘我」的狀態，此時人的內在自我消失，騰出空間讓神的話進來，神的話於是充滿了說預言的人[18]。音樂有時也有相同的作用，可以釋放禁錮的自我，使人進入迷醉的出神狀態。但是即便大衛演奏音樂來安撫掃羅，掃羅仍出現了這種「像說預言的先知」那般的失去自我。在這種類似癲狂的狀態下，進入掃羅痛苦、脆弱肉體的，並不是神的話，而是突發性的躁動，使他喪心病狂，想要親手殺死大衛。

前面也提過，喪心病狂想要取得或鞏固政治權力，很容易導致自我毀滅。〈撒母耳記〉中描述的許多英雄角色，都因權力政治而自我毀滅，這些人毫不掩飾地追求權力，導致權力的樣貌改變。〈撒母耳記〉文本中有個重要的小事件，極致生動的展現了失去自我、癲狂以及自我暴露。那是大衛首度出亡，尋找庇護的時候。大衛在掃羅王室多次受到生命威脅，意識到若繼續待在王的親信身邊，只有死路一條。大衛在王室的最後一晚，靠著深愛他的米甲的幫助，倉皇逃離免於一死。大衛躲到先前膏立他為王的先知撒母耳家中：

大衛逃走脫身，來到拉瑪見撒母耳，將掃羅向他所行的事都述說了。他和撒母耳就往拿約（Niaoth）去居住。有人告訴掃羅說，大衛在拉瑪的拿約。掃羅打發使者去捉拿大衛。去的人見有一班申言者正在申言，撒母耳站著監管他們；神的靈臨到掃羅的使者身上，他們就也申言。有人將這事告訴掃羅，他又打發別的使者去，他們也申言。掃羅第三次再打發使者去，他們也申言。然後掃羅自己也往拉瑪去，到了西沽（Secu）的大井，問人說，撒母耳和大衛在那裏？有人說，在拉瑪的拿約。他就往拉瑪的拿約去。神的靈也臨到他身上，他就一面走一面申言，直到拉瑪的拿約。他也脫了衣服，並且在撒母耳面前申言，那一晝一夜露體躺臥。（撒母耳記上十九章十八至廿四節）

以色列的王「脫了衣服」，在癲狂的狀態赤身露體，呈現失控的狀態，暴露在先知撒母耳和他一心想殺掉的大衛面前。這段原文在形容掃羅癲狂心理狀態使用的動詞「申言（按，受到神感動而說話）」，就是前面用來描述掃羅憤怒到想殺害大衛的同一個詞。這個詞可以用來描述上述兩種自我崩解的狀態。掃羅喪心病狂地想要鞏固權力，導致內心相當脆弱；赤裸的掃羅失去了象徵王權的外衣，他心裡上的崩潰，是追求權力造成的毀滅性後果。掃羅露體躺臥，身上所有象徵權力的東西都脫去了，個人的軟弱和情緒的崩潰都顯露無遺。這種心理崩潰狀態，若是太極端，就會造成兩種現象——一是無法隱藏自己的內心世界，最終導致自我界線崩解；二是內心世界過度外露，個人特質崩解，導致一種極度敏感，於是心境和行為出現了劇烈的擺盪。現任君王這下被人徹底看透，情緒錯亂不穩。

Ⅲ

掃羅如此赤裸，另一方面大衛卻令人難以看透。大衛的神秘性格，恰好是另一個更深入的角度，用來解析目的及手段的雙重反轉——而這個角度，出現在大衛從逃犯成為君王的政治生涯中。

從大衛的故事來看，〈撒母耳記〉的故事中從未直白寫出大衛把「不該是工具的東西」予以工具化，利用不該利用的人事物。這點和記錄掃羅的方式很不同。大衛老練得體，頗能自制，所以他的模糊行為可以有多種不同詮釋。但有一件事非常清楚：大衛非常擅長踩在純真和操弄的界線上。〈撒母耳記〉的作者並未界定大衛究竟是單純還是操弄，只是陳述大衛踩在邊線上的情況：使用模稜兩可的行為來鞏固自己的權力，以及習慣性在大眾面前隱藏自己真實的性格和動機。

若說大衛單純是個老狐狸，那麼很難交代故事中許多精彩的多重面向行為。但要說大衛是個完全單純天真、敬虔聖潔的人，這也太超過了。大衛是政治人物，是在激烈競爭環境中的角色。他一方面逃避掃羅的追殺，又奪得、鞏固了自己的王權，這是大衛身份上非常關鍵的特色。大衛不只是執行神命令的角色，更是個精明狡詐的生還者。〈撒母耳記〉作者闡述大衛早期政治生涯發生的事件，顯示出大衛善於控制情勢來拯救自己，同時讓他人付出終極代價。

其中一個事件描繪的非常仔細：大衛在逃離掃羅王室時，自己的權力基礎還不穩，身上沒有兵器也沒有物資，隻身一人來到挪伯（Nob）的聖所，那裡距離掃羅王室並不遠：

大衛往挪伯去，到了祭司亞希米勒那裏；亞希米勒戰戰兢兢的出來迎接他，對他說，你為甚麼獨自來，沒有人跟隨呢？大衛對祭司亞希米勒說，王吩咐我一件事，說，我差遣你、吩咐你的這件事，不要使人知道。故此我已派定少年人在某處等候我。現在你手下有甚麼？求你給我五個餅，或是別樣找得著的食物。祭司回答大衛說，我手下沒有平常的餅，只有聖餅；若少年人沒有親近婦人，纔可以喫。大衛回答祭司說，我們實在沒有親近婦人，我出征的時候，素來如此；即使是平常行路，少年人的器皿還是聖別的；何況今日，他們的器皿更是聖別的！祭司就拿聖餅給他；因為在那裏沒有別的餅，只有陳設餅，是當時為了放上熱的餅，從耶和華面前撤下來的。當日有掃羅的一個臣僕在那裏，留在耶和華面前。他名叫多益（Doeg），是以東人（Edomite），作掃羅的司牧長。大衛對亞希米勒說，你手下這裏有槍有刀沒有？因為王的事甚急，我手裏連刀劍器械都沒有帶。祭司說，你在以拉谷所打死的非利士人歌利亞，他的刀在這裏，裹在布中，放在以弗得後邊，你若要拿去給自己用，就拿去罷；除此以外，這裏再沒有別的。大衛說，這刀沒有可比的；你給我罷。

（撒母耳記上二十一章二至十節，恢復本中譯為一至九節）

亞希米勒見到王的高階官員大衛獨自前來，感到相當惶恐。亞希米勒誤以為大衛隨口說的「王的事」是掃羅秘密策劃的事。大衛欺騙亞希米勒後，又阻止了亞希米勒查證他口中的「王室機密」，因為一旦有人想要核實訊息，就會導致大衛形跡敗露，陷入危險。此處作者揭露了更深一層的政治權力真相：**權力政治一定會伴隨著不堪為人知的面向，欺騙、犯罪和詭計無可避免**。若使用國家機密當作藉口，表面上看似聽話的政治人物就會做出規避監察、難以究責的行為，因為若要查證他們的說法和計畫，就會扯下他們的遮羞布，使秘密的陰謀曝光，所以行為者合理認為有必要保密（有時也確實需要保密）。亞希米勒被大衛操弄，提供食物與兵器給大衛，不小心成了大衛的共犯，幫助密謀篡位的大衛逃脫追殺。

然而，一個謊總要用另一個謊來圓，大衛還需要再多說一個謊。這次他不僅利用了祭司亞希米勒對王室機密的尊重，更把「聖別」當作他的工具。文中可以看出，祭司手上只有聖餅，也不想玷污聖餅。大衛為了逃難，會需要各種補給，所以謊騙這是秘密行動，有一群少年人在某處等他，還說這群少年是聖潔的，沒有沾染女人。大衛的兩個謊言，稍微緩解了祭司的不安——大衛是國王的忠信下屬，替王出秘密任務，而大衛有一群聖潔的扈從在秘密地點等他。亞希米勒被謊言欺騙，於是把聖餅給了大衛[19]。

「聖別（或聖潔）」（the sacred）是最難理解的概念。「聖」具備著恆常不變的內在特質，「聖」和「愛」一樣，本質上不能成為工具。它照理說不能受人類操縱，不能為人類使用。舉例來說，猶太人的《密西拿》律法書（Mishnah）在描述猶太會堂結構的聖別時寫道，不可使用會堂空間，當作兩條街之間的捷徑；會堂的建物及週邊土地不可用來圖益個人[20]。所以說，大衛騙取聖餅當食物的過程，又道出了大衛的另一個過犯：大衛在贏者全拿的政治競爭中，不是勝利就是死亡，所以他昧著良心，恣肆將權力工具化。從道德層面來看，權力是不可以拿來當作工具的。

大衛不惜讓祭司成為自己的共犯，將亞希米勒的生命置於險境——大衛的謀畫可以救他自己一條命，但會害死祭司，這點令人不齒。在大衛和祭司的對話中，作者揭露了一件非常重要的事，這件事會對亞希米勒和他全家帶來可怕的後果。多益是掃羅的王室成員，當時他剛好人在旁邊，親眼目睹了一切經過。如果多益把他看見的事上報掃羅王，那麼在挪伯的所有祭司都難逃一死。

下一章中，我們會仔細探討無辜祭司遭受野蠻對待的故事，但這裡有一點可以先拿出來討論。當祭司亞比亞（Abiathar）（後來的祭司大屠殺中，唯一的倖存者）告訴大衛挪伯祭司們的下場時，大衛承認他完全知道多益當時人在聖殿，也知道這會造成什麼後果：大衛對亞比亞他說，那日我見以東人多益在那裏，我就知道他必告訴掃羅。你父親的全家喪命，都是因我的緣故。你可以住在我這裏，不要懼怕；因為尋索你命的，就是尋索我命的，你在我這裏可得保全。（撒母耳記上二十二章廿二至廿三節）大衛大可否認他欺哄了亞希米勒，大可辯解說他以為多益不會多嘴，或是以為多益就算說了，亞希米勒也會告訴掃羅是被大衛騙了，從而逃過一劫。但是大衛卻說「那日我就知道」，所以以上兩個藉口都不成立。大衛的性命和神命定的王位受到波及，自然不可能告訴亞希米勒真相。

這裡又回到了〈撒母耳記〉探討政治的方式：政治是出於必要而產生的行為，但是當政治產生可怕的副作用時，故事中又刻意採用模糊手法撰寫。大衛把亞希米勒當成逃離一死的暫時工具，使他付出代價，這種行為是道德瑕疵，但在政治界卻非常常見。

鼓起勇氣獨鬥巨人，可能比克服「老天要我去做這件事」的信念還容易得多，哪怕後者會危及他人。作者在描述挪伯聖殿事件時點出一個事實：大衛是典型的權力尋求者，對於害死以色列同胞，全無良心譴責，雖然大衛事後也對這些被害者的後代提出補償措施。激烈的政治權力鬥爭造就了大衛的動機和特性，這點從大衛早期在掃羅王室中的鬥爭就可看出。大衛完全不顧他人死活，把亞希米勒和其他挪伯祭司丟到餓狼群中，所以後面的故事中出現大衛其他多重面向的行為時，讀者也會對大衛心生懷疑，這樣作者就可以探討更深的政治動機、政治行為人以及自我表現等現象。

IV

〈撒母耳記〉中核心的道德與政治困境，根深於朝代世襲君王制度。世襲君主制度的運作模式，致使〈撒母耳記〉書中的權力競爭者和權力執行者出現了難以解釋的多重面向行為和互動。家族獨裁政權或血脈傳承的獨裁政權，會造成危險的贏者全拿權力競爭，同時也會造成天真和操弄兩者之間的界線浮動。大衛也就是這樣狡詐地踩在這條浮動的線上。這也是我們現在要來探討的重點。

〈撒母耳記〉記載兩個朝代的故事，分別是在前的掃羅和在後的大衛朝代。朝代制度的運作模式是，獨裁的篡位者不能給前朝留下活口。這是個慘烈的規則，但規矩就是如此。若替前朝留了活口，這些人就有可能在新家室的政權下，造成危險的動亂。前朝的人，心裡充滿怨恨，都是些麻煩人物，會密謀抵抗奪去新王室的世襲權力。一旦出現對新王不滿的聲音，這些人想要光復前朝的心就會再度被點燃。難怪掃羅的兒子約拿單雖然真心喜愛大衛，也接受大衛做以色列的新王，還是很害怕自己將難逃一死，後代會遭大衛趕盡殺絕。他甚至要大衛發誓，好減輕他的恐懼：

願耶和華與你（大衛）同在，如同從前與我父親（掃羅）同在一樣。我活著的時候，你要以耶和華的慈愛待我，免我死亡……你也永不可向我家絕了慈愛。於是約拿單與大衛家結盟，說，願耶和華藉大衛仇敵的手追討背約的罪。（撒母耳記上二十章十三至十六節）

大衛對於這個神聖的約定，只有遵守表面字句，沒有遵守約定的精神。但是大衛最擅長把這種違約包裝在模糊的行為裡。大衛在做王前和作王後，維持自己的對外形象，是〈撒母耳記〉的一大特色。我們甚至可以說〈撒母耳記〉作者描繪兩個彼此為敵的朝代時，主要想要探討的關鍵問題如下：大衛篡奪掃羅王位，弒君又滅絕掃羅後代，卻不弄髒雙手，不被定罪，怎麼可能？

弒君和殺盡前朝全家，都符合朝代世襲制度的原則，但是會造成宗教和道德上的問題：君王是由先知所膏立，支派領袖或人民都無權立新王，只有神有這個權力。但是要把王權從一個家族轉移至另一個家族，會出現政治現實的兩難問題。新王殺了舊王，又想滅絕舊王全族，新王得冒著被人說是殺人篡位者的風險，他的君王職位欠缺正當性。此外，推翻統治政權會設下一個危險的壞榜樣，導致未來可能繼續發生弒君和暴力推翻王位的事件。到頭來，掌控政治權力是件危險的事，因為至高權力具有魔法般的吸引力，會招來野心勃勃、能力高強的競爭者，展開醜陋的廝殺。政治權力的競爭和搶奪是〈撒母耳記〉中一個重要主題。藉著暴力和謀殺而獲得的權力，很容易激起更多競爭。成功滅絕原本君王家世的篡位者，之後也要承擔自己家族被滅絕的風險。

掃羅和掃羅一家必須死。但是大衛不僅想要成為以色列的實際統治者，也想要成為合法君王，所以他做了很大的努力，讓自己從弒君和滅絕前朝的罪行脫身。大衛繼位後甚至進一步在大眾面前表示，自己與殺絕掃羅後代、剷除掃羅王位的行為無關。大衛光速否認自己與前朝殞落有關的最經典故事，發生在猶大荒野（Judean desert）的洞穴中。

那時大衛已經逃難一陣子了，掃羅帶著軍隊像打獵似的在尋找大衛。大衛身邊有些追隨者，其中有他的親信，還有一些是像大衛一樣，躲避政府逮捕的不法之徒。大衛的「軍隊」其實不過六百個人，在資源匱乏的猶大荒野躲躲藏藏。掃羅得知了大衛在隱基底（En-gedi）的藏身之處，立刻帶領精兵出發。掃羅的人馬快到隱基底時，大衛和他的人正躲在附近一個洞穴的深處，而掃羅剛好跑到這個洞穴裡大便，大衛的人馬覺得機不可失，請求大衛准許他們下手殺掉沒有防備的掃羅王，一勞永逸剷除緊緊追殺他們的人。

大衛不喜歡這種卑鄙的勝利，於是潛近掃羅身旁，偷偷割下掃羅衣服的一角。這象徵勝利，而大衛事後也刻意對這個看似因衝動而做出的行為表示歉意：

隨後大衛心中自責，因為割下掃羅的衣邊；他對跟隨他的人說，我的主乃是耶和華的受膏者，我在耶和華面前萬不敢作這樣伸手害他的事，因他是耶和華的受膏者（撒母耳記上二十四章六至七節，恢復本中譯為五至六節）。

大衛自己也是神的受膏者，所以他很謹慎，告訴他的親信說，受膏者受到神的保護，絕不可受到傷害。為了顯示大衛尊重這種政治神學上的禁忌，大衛讓掃羅活著離開洞穴。然後，大衛做了一個大膽的舉動：從洞穴裡尾隨掃羅來到曠野之中。大衛要先打預防針，免得掃羅懷疑他預謀弒君，大衛對掃羅大喊：

我主，我王。掃羅往後觀看，大衛就屈身，臉伏於地下拜。大衛對掃羅說，你為何聽信人的話，說，大衛想要害你呢？今日你親眼看見在洞中，耶和

> 華將你交在我手裏；有人叫我殺你，我卻愛惜你，說，我必不伸手害我的主，因為他是耶和華的受膏者。我父阿，看看你外袍的衣邊在我手中。我割下你的衣邊，沒有殺你；你由此可以知道並看明，我手中並沒有邪惡和叛逆的事。我雖沒有得罪你，你卻獵取我的命。願耶和華在你我中間判斷是非，在你身上為我伸冤，我卻不親手加害於你。願耶和華在你我中間作審判官，斷定是非，並且鑒察，為我伸冤，藉審判使我脫離你的手。（撒母耳記上二十四章九至十七，恢復本中譯為八至十五節）

大衛把割下的衣邊當作高明的政治手段，向掃羅和旁觀的士兵顯示他無心傷害掃羅，讓掃羅知道大衛當時其實有機會殺害掃羅，但是大衛選擇公義，沒有殺他[21]。這個故事中，大衛對外展現了他內心的無辜，以及他願意把自己的生命暴露在掃羅的憤怒之中，這讓搖擺不定的掃羅卸下了心防，一向情緒不穩的掃羅忽然從想殺人的狂暴情緒，轉變成發自內心的真愛：大衛向掃羅說完這些話，掃羅就說，我兒大衛，這是你的聲音麼？掃羅放聲大哭（撒母耳記上二十四章十七節，恢復本中譯為十六節）。大衛很有技巧地展現了他並無惡意，同時又警告掃羅，若是殺害神膏立的繼位者，將會受到神的懲罰，使掃羅當下意識到大衛確實是未來的王，同時掃羅心裡也明白朝代更迭的運作方式，所以請求大衛放過他和他的後代：

> 現在我知道你必要作王，以色列的國必在你手裏得著堅立。現在你要指著耶和華向我起誓，不剪除我的後裔，不從我父家除滅我的名。於是大衛向掃羅起誓，掃羅就回家去；大衛和跟隨他的人也上山寨去了（撒母耳記上二十四章廿一至廿三節，恢復本中譯為廿至廿二節）。

這幾段經節點出了一個問題，就是大衛免掃羅一死的決定中，是真的出自道德和信仰，虔誠地相信只有神可以審判並推翻掃羅嗎？另一個可能是，大衛在隱基底沒有殺害掃羅王，是一種政治的權宜措施。在這件事上，大衛用人民能接受的行為，替他未來的王權打下合法的基礎[22]。在政治界想要奪權、掌權的人，經常出現目的／手段雙重反轉的行為，而大衛這種做法甚至把道德變成了手段。大衛看似出於道德的行為成了手段，因為大衛刻意讓眾人知道他的意圖。

然而，對激烈的朝代王位競爭者來說，這是贏者全拿、非死即生的競爭，於是對於權力政治局外人來說很重要的道德與工具界線，就這樣消失了。對大衛這種已經被選定繼位的權力角逐者來說，又更是如此，因為這種人會把自己的繼位視作天賜的神聖職責。大衛究竟是把「不可弒君」看作是應該遵守的宗教規條，或只是在大眾面前高喊口號，私底下卻毫不在乎呢？還是說，道德與手段在大衛的心裡，已經融合成同一套思考邏輯了呢？很難說。但是我們可以確定，大衛希望讓大家知道自己不願意出手弒君，所以特別在公開場合以誇張的方式說出這件事情[23]。當然，被統治者無法直接看透君王的內心和想法。內心動機與群眾認同可能一致，也可能天差地遠，旁觀者根本難以察覺真實動機。更甚，從客觀角度來看，政治行為本來就是多重面向的。人心非常複雜，所以人類的動機，包括有權有勢者的動機，都摻雜了很多因素。許多聖經的詮釋者誤以為〈撒母耳記〉的作者是只個膚淺的護航者、揭密者，所以寫出這樣的故事；這些詮釋者最常犯的錯誤是，輕看政治動機難以理解、密不可分的模糊行為。當然，要用質疑或「馬基維利權術式」的角度解讀大衛的行為，也不是完全行不通。為了要奪權、掌權，而把人際關係與道德常規變成工具，確實會造成政治上的言行不一，大衛和掃羅之間贏者全拿的朝代王位之爭就是一例。就連合乎道德標準的行為，都有可能是達成某種目的的工具。從這個角度來看，我們可以說，就算是最真誠的政治行為，也無法避免動機遭到懷疑。但是〈撒母耳記〉作者在討論大衛這位未來君王時，對他的動機卻有不同看法。

大衛老謀深算，在人前撇清自己和掃羅失去政權的關係，又小心翼翼地踩在道德和計謀的界線上，行為模糊不清，動機很難看透。此時掃羅王朝逐漸失勢，大衛仍持續用這種方式在政治界打混。〈撒母耳記〉並沒有直接指明掃羅和約拿單的死和大衛有關。掃羅和三個兒子，包含約拿單，是在基利波（Gilboa）山與非利士人作戰時喪命的。掃羅被敵軍包圍，伏刀自殺。但是，向大衛通報以色列人敗仗、掃羅和約拿單陣亡消息的人，犯了一個致命的大錯：他以為大衛想要滅掉與自己敵對的掃羅王朝，會公開慶祝掃羅之死。他替大衛捎來掃羅和約拿單戰死的消息，是想討好大衛。信使為了提升自己在大衛眼中的地位，甚至宣稱自己幫助垂死的掃羅自殺。報信的人把掃羅的冠冕、鐲子帶獻給大衛。但是大衛聽聞此事後，不但沒有慶祝[24]，反而刻意公開表達悲痛，撕裂了身上的衣服。報信的人不是以色列人，是外族人，是亞瑪力人，大衛盤問他：你伸手殺害耶和華的受膏者，怎麼不畏懼呢？（撒母耳記下一章十四節）大衛這樣斥責報信者後，下令殺掉報信者，藉此證明自己與掃羅之死無關，同時又再次強調，沒有人可以傷害耶和華的受膏者。

大衛的悲痛以及處決報信者的行為，也許是出自真心、敬虔、道德，但是大衛早期在戰爭時的行為，也讓人對他的動機產生質疑，雖然他的動機究竟為何，最後也沒有答案。戰爭發生之前，逃亡者大衛為了躲避掃羅，只好採取下下之策：與敵軍結盟。大衛躲在猶大偏遠處，還是很怕被找到，於是自願擔任非利士迦特（Gat）王亞吉（Achish）游擊軍隊的領袖，想藉此保護自己，脫離以色列管轄權，免受傷害。大衛必須特別謹慎，既要贏得亞吉的信任，又不要與以色列正面衝突。大衛的軍隊襲擾了非利士最南邊的疆界，搶了些戰利品，然後假裝這些戰利品是從以色列村落搶來的。

大衛是非利士軍隊的傭兵，但問題在於，非利士人要大衛上場攻打以色列人的軍隊（掃羅與三子就是在這場戰爭中喪命的）。非利士人將他們所有的兵力聚集到亞弗（Aphek）；以色列人則在鄰近的耶斯列（Jezeel）泉旁安營。非利士人的首領各率軍隊，或百或千，挨次往前走過去；大衛和跟隨他的人同著亞吉，在後邊跟著往前走過去。（撒母耳記上二十九章一至二節）雖然大衛獲得了亞吉的信任，大衛卻等到實際要與以色列人作戰的前一秒，才躲掉這場戰爭——因為非利士人其他首領懷疑大衛的忠誠，不想與他並肩攻打以色列人。亞吉很謹慎，他向大衛保證自己完全信任大衛，但完全是因為非利士其他領袖莫名不相信大衛，所以他只好不派大衛上陣。而大衛為了向亞吉證明自己的忠誠，為自己不能上場抱怨了幾句，最後被派回南方打另一場仗。同時間，非利士人則在基利波山打敗了以色列人，殺了掃羅及三個兒子。作者並沒有指出若大衛必須出戰對打以色列人，那麼大衛會怎麼做。他真的會與同胞作戰，以求拯救自己的性命嗎？這點我們不得而知，因為作者一個字都沒寫[25]。我們只確定，大衛在跟亞吉互動時，很懂隱藏自己真實的意圖。

雖然大衛成功躲過對抗以色列人的戰爭，但是他在以色列人以及以色列王被擊敗的同時袖手旁觀，讓人對大衛心生疑念[26]。可能是因為大衛一直在逃避掃羅的追殺，所以這種置身事外的過犯才得以被赦免。然而〈撒母耳記〉的作者技巧地微調了敘事手法，讓在關鍵之戰缺席的大衛，看起來似乎是故意放手讓以色列戰敗，藉此篡奪王位，同時還不會被認為是殺死掃羅和掃羅兒子的兇手。

大衛漫長的政治生涯中，經常出現這種精心規畫的巧妙脫罪證明，所以這次事件不太可能是巧合。然而大衛對約拿單和掃羅的死感到哀痛，雖讓人非常感動，卻又很難看出他的真實感受。大衛的哀痛很可能是用來掩蓋自己在戰爭中撒手不管，所以在事發之後表達強烈悔恨，且剛好可以用來作為政治手段。但也有可能是大衛聽聞掃羅和掃羅兒子死訊後，真心感到傷痛，即便掃羅一直想要追殺大衛。在大衛的心中，悲痛情緒和權宜之計可能已經參雜在一起，所以這兩者可能都反映了大衛背後的動機。從作者的文筆中可以清楚看出，旁觀者根本無法解開這種複雜的動機。但我們不能因為這樣就妄下定論，認為大衛本人看得到自己的內心，因此明白自己到底是為了什麼這樣做。大衛的性格非常強烈、複雜，在他漫長的政治生涯中影響著他對外和私下的行為，根本沒有辦法理個清楚明白。

然而，不可否認的是，大衛為了鞏固權勢，而必須做出的不道德行為，都是假他人之手。大衛就像個不沾鍋，跟這些行為保持著一定距離。最好的例子，就是掃羅和掃羅兒子們死後，合法王位繼承人的命運。為了要理解過程的全貌，我們先來看看掃羅死後發生了什麼事。

以色列人在基利波山被非利士人打敗後，大衛立刻成了猶大王，這是他取代掃羅成為全以色列君王的第一步。大衛把軍隊帶到猶太支派的首都希伯崙（Hebron），大衛屬於猶大支派，希伯崙就是大衛的權力據點。此時其他以色列支派仍支持掃羅王室，所以大衛的追隨者和掃羅擁護者展開了以色列內戰。掃羅王室出身便雅憫支派，而掃羅的軍隊由元帥押尼珥（Abner）領導，押尼珥是掃羅的表弟（或表哥）。掃羅和他的三個兒子戰死之後，押尼珥立掃羅僅存的兒子伊施波設（Ishbosheth）為王，作為以色列的魁儡政權。於是大衛、掃羅兩個互相為敵的王室展開了激烈的內戰。在大衛這邊，戰爭由他的三個外甥，約押（Joab）、亞比篩（Abishai）、亞撒黑（Asahel）負責統帥，他們是大衛的姊姊洗魯雅的兒子。約押是三人中最年長的，是大衛最主要的參謀，也是最有能力的統帥。約押對大衛往後的政治生涯來說，扮演著複雜的決定性角色。

在這場以色列內戰中，押尼珥的手下準備撤軍，可是洗魯雅的老么亞撒黑是個飛毛腿，緊追押尼珥不放。押尼珥認出了亞撒黑，求他停止追趕，押尼珥比亞撒黑更有作戰經驗，但他不想殺害亞撒黑，因為他知道這樣會激怒亞撒黑的哥哥約押，引發危險的家族之戰。無奈亞撒黑窮追不放，押尼珥別無他法，為了拯救自己的生命，只好出手殺了這個年輕人。於是，猶大和便雅憫支派之間原本是政治鬥爭，這下更成了攸關家族榮譽的問題。亞撒黑被殺，約押於情於理都必須替弟弟報這個仇。

大衛這一派人在以色列內戰中逐漸佔上風，而掃羅家中這時發生了一場失和，可能是大衛佔得先機的原因。押尼珥在掃羅家很有權勢，有次他竟與掃羅的妃嬪同房（睡了王的女人，意味著他可以取代掃羅的王權），而無實權的王伊施波設責備押尼珥與掃羅妃嬪行房的行為，指謫他覬覦王位。押尼珥被罵到生氣了，認為他效忠伊施波設，伊施波設卻不知感恩，於是一怒之下帶著他的部屬們投靠了大衛。

表面上看，伊施波設惹火了押尼珥，導致押尼珥變節，所以同盟關係有了劇烈的變化。不過實際上，更有可能是因為押尼珥知道大衛在內戰中佔有優勢，所以決定換老闆，畢竟押尼珥也得照顧自己的未來，加入比較可能戰勝的勢力。押尼珥開始遊說便雅憫支派接受大衛稱王，自己還親自前去希伯崙與大衛約定，讓大衛成為全以色列的君王。

押尼珥離開希伯倫後，約押從戰爭中回來，聽聞押尼珥已投效大衛，且已與大衛談妥了約定，現在正在北返的回程路上了。約押當然想替弟弟之死報仇，他氣大衛竟不因親人被殺而捉拿押尼珥，還讓押尼珥逍遙離去。所以約押差派使者把押尼珥帶回希伯崙，狡詐地假裝自己在這個新聯盟中，與押尼珥站在同一陣線。接著趁押尼珥掉以輕心之際，約押下手殺了押尼珥。

約押殺害押尼珥一事，讓我們可以從另一個角度來看「把不能當成工具的東西工具化」這個問題。報血仇是神聖的事，跟愛一樣，理應不該被當作手段。這是亡者親屬的神聖任務，亡者親屬在道德上有義務要報血仇。約押殺了弒弟兇手押尼珥，此舉另一個用意是剷除可能的對手——因為押尼珥這個人威脅到約押在大衛王室的地位。更複雜的是，押尼珥這人顯然善於算計，他背叛了自己無用的君王，投效大衛王的勢力，這個舉動傳遞出兩個意義（且這兩個意義都有可能成為約押決定剷除押尼珥的動機）：其一，押尼珥就是個叛徒，貪圖王室權力；其二，如果押尼珥能證明自己對新王的忠信，就有可能取代約押，成為大衛軍隊的首領。

想要鞏固大權時，替親人報血仇這個道義責任，以及對合法君王的堅定效忠，就會像愛和聖潔一樣，一個不小心就成為達成政治野心的手段。但是到頭來，約押實際的動機沒人說得準，這種道德上模糊的行為是無法拆解、分析的。約押在大眾面前的行為，與他內心實際的動機一致嗎？還是他是故意利用替弟弟報仇和保護大衛王位的神聖任務，來滿足個人的野心？還是他的手段和道德動機事實上是結合而非對立的？

至於押尼珥，書中沒有提及他的內心算計。但是約押是在「押尼珥和大衛立約」之後才殺了他的軍事對手押尼珥，所以在押尼珥的支持者看來，這是個無法原諒的背叛，這可能會波及（掃羅的）便雅憫支派和大衛之間脆弱的盟約。大衛若希望自己的管轄權能夠遍及所有的以色列支派，這會是很關鍵的政治問題。為了穩定浮動的民心，大衛必須馬上行動，替自己與押尼珥的死做切割。於是大衛利用在大眾面前哀悼押尼珥，來替自己脫身。

> 大衛對約押和跟隨他的眾人說，你們當撕裂衣服，腰束麻布，在押尼珥棺前哀哭。大衛王也跟在棺後。他們將押尼珥葬在希伯崙。王在押尼珥的墓旁放聲而哭，眾民也都哭了。還在白天的時候，眾民來勸大衛喫飯，但大衛起誓說，我若在日落以前喫飯，或喫別物，願神重重的降罰與我！眾民知道了，就

都以為美；凡王所行的，眾民無不喜悅。那日，眾民和全以色列纔知道，殺尼珥的兒子押尼珥，並非出於王意。（撒母耳記下三章卅一至卅七節）

從這段經文可以看出，大衛很善於穩定搖擺的民心，取得大眾的支持。這段經文要表達的是：大衛王權的正當性，仰賴於他如何在大眾面前塑造清白的形象。若此時大衛能進一步給個交代，為了押尼珥的死懲罰約押，那麼大衛的哀悼可能更有說服力。只不過現在大衛還需要約押做他的元帥，此刻懲罰約押要付出的政治代價太大了[27]。大衛很清楚，在大眾面前哀悼押尼珥的死（刻意在押尼珥的支持者眼中營造好形象），以及完全免除約押的殺人的刑罰，這兩者之間存在著矛盾，為此，大衛對他的親信做了一個沒什麼誠意的辯解：王對臣僕說，你們豈不知今日以色列中倒下了一個作統帥的偉人麼？我雖然受膏為王，今日還是軟弱；洗魯雅的這兩個兒子太強，我難應付。願耶和華照著行惡之人的惡報應他。（撒母耳記下三章卅九節，恢復本中譯為卅八至卅九節）書中多處描述了大衛面對困難時的靈巧、堅毅，因此大衛這時展現的脆弱，其實頗虛偽。大衛表面上表示虔誠，認為只有神有權處罰約押，卻間接說出「約押對大衛的王權很重要」，如果要為了公理而犧牲約押，代價太大。

公理若要獲得維持，前提是它**能幫助統治者掌權，而非犧牲統治者的權力**。掃羅僅存的兒子伊施波設完全仰賴押尼珥的能力和支持，押尼珥之死導致伊施波設更加脆弱、更暴露於險境。最後，伊施波設被兩個殺手背叛，兩人都是他軍隊中的將領。在政治環境中疲軟無力的伊施波設，在睡夢中被斬首了。這兩個殺手犯了跟亞瑪力克報信者一樣的錯誤（告訴大衛掃羅死於戰場的消息），殺手把伊施波設的頭顱交給大衛，想要輸誠，不料大衛正好利用這次機會來提昇自己的形象：（殺手）將伊施波設的首級拿到希伯崙見大衛，對王說，你的仇敵掃羅曾尋索你的性命；看哪，這是他兒子伊施波設的首級。耶和華今日為我主我王在掃羅和他後裔的身上報了仇（撒母耳記下四章八節）。大衛嚴厲斥責他們，此舉令在場的人想起：當初亞瑪力克人報信說掃羅王和兒子戰死沙場時，想要領償，但大衛是如何義正辭嚴地回覆：

我指著救贖我性命脫離一切苦難之永活的耶和華起誓：從前有人報告我說，掃羅死了，他自以為是報好消息；我就拿住他，將他殺在洗革拉，這是我給他作報消息的賞賜。何況惡人在義人家裏將他殺在床上，我豈不從你們手中追討流他血的罪，從地上除滅你們呢？（撒母耳記下四章十至十一節，恢復本中譯為九至十一節）

為了在眾人面前展現自己清白正直的良心，大衛刻意用極殘暴的方式，當眾處決兩位殺手：於是大衛吩咐少年人將他們殺了，砍斷他們的手腳，把他們掛在希伯崙的池旁；卻將伊施波設的首級葬在希伯崙押尼珥的墳墓裏（撒母耳記下四章十二節）。

大衛治理以色列全地的最後一個障礙已經剷除。伊施波設死後，大衛立刻和其他所有支派立了約。雖然大衛要成為全以色列的王，前提是掃羅王朝全部滅絕，但我們無法證明大衛造成了掃羅王朝的毀滅。掃羅和他的三個兒子是在戰場上被非利士人所殺，押尼珥為約押殺害，伊施波設則是被兩個失算的軍官殺害。每每有人死，大衛都會在大眾面前哀悼，藉此在大眾心中脫去自己與謀殺事件的關聯（雖然這些事件的獲益者都是大衛）。我們也必須提到：押尼珥死前曾安排掃羅的女兒米甲（她已經另外結婚，可能會成為母親，傳承掃羅血脈）回到大衛身邊之後（不讓米甲與丈夫生子），此事之後不久押尼珥就被約押殺了。可以從這個時間軸推測：約押殺害押尼珥，至少部分是出於對大衛的忠誠。無論如何，約押表面上看來是為了報仇的殺人行為，並未受到懲罰。約押並沒有因為殺了以色列的偉大將領而被剝奪軍權。

等到大衛安全無虞地坐在耶路撒冷這個軍事要塞成為國王之後，故事才慢慢隱晦地揭露大衛對於掃羅後代的模糊態度。掃羅的家族被趕盡殺絕後，大衛下令找出掃羅家族的生還者：大衛問說，掃羅家還有剩下的人沒有？我要因約拿單的緣故，以恩慈待他（撒母耳記下九章一節）。有人跑來通報說，約拿單有個瘸腿的兒子叫米非波設（Mephibosheth）還活著，跟掃羅的舊部屬住在一起。於是米非波設被帶到大衛王室，戰戰兢兢地，深怕自己會因為身為前朝遺老，而遭遇不幸。但大衛善待米非波設，還把毀滅掃羅家室取得的戰利品還給了米非波設。大衛這樣溫暖的舉動，看起來是出於真心誠意。但是大衛還給了約拿單的兒子另一個「恩惠」，這個行為讓大衛的動機變得可疑。

故事上說，大衛牢記他當年和約拿單之間的約定，於是把米非波設當自己人，安排讓米非波設在他的宴席上吃飯。於是米非波設住在耶路撒冷，因為他常在王的席上喫飯。（撒母耳記下九章十三節）但是這個特權，也讓大衛可以更好掌控米非波設，把米非波設變成大衛王室中的俘虜——米非波設不良於行，「他兩腿都是瘸的」。（撒母耳記下九章十三節）。從這點來看大衛起初的命令：「掃羅家還有剩下的人沒有？我要因約拿單的緣故，以恩慈待他。」感覺似乎其實帶點惡意，或至少意圖不清[28]。大衛當然可以在大眾面前替此舉合理化，說他把瘸腿的掃羅後代「監禁」在王室中是為了履行當初跟約拿單的神聖約定。但是我們也提過了，合理化和動機雖然是兩個截然不同的概念，不過在真實事件中很難、甚至是不可能把兩者拆開。

就連大衛的子民或朝臣都很難確定大衛的動機只有純政治野心。畢竟，大衛公開支持的道德常規，也確實有可能是行為背後的唯一動機。統治者動機模糊無可避免，這也可以解釋為什麼統治者用道德當作藉口的時候，在政治上是有用的。如果查找〈撒母耳記〉中最可疑的政治模糊行為，應該會是大衛這句簡潔的命令：「掃羅家還有剩下的人沒有？我要因約拿單的緣故，以恩慈待他」。〈撒母耳記〉作者記錄下大衛這句話，隱約透露大衛政治動機可疑，不但記錄大衛主動以恩慈待人的雅量、大衛對誓言的忠信，也記錄他讓前朝唯一的瘸腿活口與他同席，藉此對前朝取得完全的掌控。

我們可以從文本精湛的筆法看出，大衛被描繪成善於規避的掌權者，踩在道德和算計的邊界上。在大衛的故事中，手段和目的之雙重反轉深深影響掃羅和大衛的行為，這給我們看見了政治權力的另一個特色。在障礙重重的掌權之路上，大衛會一直受到試誘，把道德上不應工具化的東西工具化。但是〈撒母耳記〉的作者非常小心，並未胡亂暴露大衛的動機。文中從未赤裸揭露大衛最真實的動機[29]，而且，故事中究竟為什麼含糊帶過大衛的意圖，本身也是個問號。一個可能的解釋是，大衛的意圖被包裝在政治手段之中。另一個可能則是大衛確實有多重動機互相交織。大衛興起、掌權的過程中之所以出現模糊的動機和行為，上述兩種原因都很有可能。大衛的故事仍是今天政治權力的學習者最直接的教材，最重要的原因就是他在政治上的模糊不清。

V

在大衛還是逃犯，在猶大荒野帶領游擊軍隊時，發生了一個重要的故事。〈撒母耳記〉作者在描述這個故事時，提到一位聰明伶俐的女性，她一眼看出大衛在追求王室權力時，為了合法化自己的王權，必須公開展現自己的道德品行。當時，大衛和手下在荒野中生活，只能靠地方的地主和牧羊人，以物易物，用羊毛和肉品交換大衛的「保護」，免受偷襲者或野獸擄走他們的羊群或破壞他們的產業。這種交換其實帶有恐嚇詐欺的意味。有個產業豐富的有錢人不願屈服，認為這根本是敲詐剝削，對這種包裝成禮貌要求的威脅感到非常憤怒。這人名叫拿八（Nabal），拿八嚴厲拒絕把自己的產業分享給大衛和大衛的人：「拿八回答大衛的僕人說，大衛是誰？耶西的兒子是誰？現今從主人面前奔逃的僕人甚多，我豈可將食物、飲水、和為我剪羊毛人所宰的肉，給我不知道從那裏來的人呢？」（撒母耳記上二十五章十至十一節）。

拿八大可好好說明自己不認識大衛，從未要求大衛提供保護服務，也不打算換取他們的保護。但是拿八的態度充滿著階級的驕傲感。社會高層的富裕地主和社會底層沒有土地的幫派領導者之間，存在著階級鴻溝，從拿八的角度來看，大衛不過就是個逃走的奴僕，沒有地位，或根本就是一個密謀篡位者，想要推翻社會結構，這種人怎麼看都不配分享他的財富。拿八用羞辱人的方式拒絕「獻物」，可能激怒了大衛，也有可能大衛在冷靜思考後，認為應該要殺雞儆猴，免得其他的牧羊地主也拒絕自己提供的保護。大衛得知自己的要求被無理地拒絕了，便誓言不留拿八家中所有男丁活口，就連與這事無關的人也不放過。

正當大衛和他的人馬準備在拿八家大開殺戒，並毀滅他的產業時，拿八的妻子亞比該（Abigail）從丈夫的牧羊人口中得知，大衛確實曾保護他們的羊群，可是拿八卻失禮地拒絕提供物資作為交換。亞比該也知道大衛已經準備要攻擊拿八這一家，摧毀他的產業，於是急忙搜集了手邊各種物資，趕去阻止大衛的屠殺，把丈夫拒絕獻上的餅、無花果餅、羊和酒，送給大衛的跟從者。

亞比該與大衛的會面，在聖經文學中，是人類精打細算、說服別人最好的例證。亞比該很有勇氣，主動接近嗜血的游擊軍隊，低聲下氣用大衛理解的方式，求大衛放他們一條生路，並指出道德行為和政治算計是密不可分的，這也是〈撒母耳記〉作者一個非常重要的觀點：「到了耶和華照祂論到你所說的一切好處待我主，立你作以色列的領袖時，我主必不至因曾無故流人的血，為自己報仇，而良心有虧，心中不安。」（撒母耳記上二十五章卅至卅一節）。如同亞比該這裡再次提到的，大衛已被神立為未來的以色列王，大衛自然需要保護自己「保護者」的名譽，若是有人拒絕提供保護者物資和人力，就會有危險。但是統治者要維護他的公眾形象，光靠強硬作風是不夠的。以色列未來的合法君王必須謹慎，不能讓自己變成在荒野中到處伺機剝削別人的流寇。為要使向人民索取資源的行為正當化，大衛必須努力不讓人感覺他的行為是出於殘酷的算計，還得要表現出威嚴講理、道德高尚的特質。大衛必須避免非必要流人血而留下黑歷史。

此外，我們也已經知道，大衛必須與敵人的死切割。大衛想要懲罰拿八無理拒絕用囤糧來交換大衛的保護，卻忘了政治謀略中，維持道德形象和難以理解的模糊動機，對統治者來說非常重要。亞比該刻意用極卑微的口氣，說出了這段機智的言論，討好這個想要做王的流亡盜賊，這讓大衛醒了過來。大衛於是深深感謝亞比該提供的精明政治洞見，也在拿八死後立刻娶亞比該為妻。拿八的死好巧不巧看起來像是神的作為，跟大衛想要殺雞儆猴一點關係都沒有。拿八家中無辜的男丁全免於一死，只有罪魁禍首拿八死亡，亞比該當初前來請求大衛，應該就是想要達成這個道德目標[30]。但是大衛馬上答應亞比該的要求，卻又和大衛的模糊動機形成強烈對比。大衛同意亞比該的請求究竟對大衛的行為有什麼程度的影響，不道德的國家利益到底對大衛的決定又有什麼影響，我們不得而知。〈撒母耳記〉作者用亞比該的介入來呈現政治行為一個很關鍵的元素。大衛冷靜下來之後，就和所有精明的政治人物一樣，不想再受雞毛蒜皮的憎恨與怨念（好比想要懲罰罪犯、釋放無辜等）影響。但在現實政治中，為了要獲得政權正當性，這種行為可以作假、可以學習。

讓人一眼看透的掃羅，與閃閃躲躲、難以看穿的大衛，兩人有著強烈對比。他們對政權的爭奪，替我們上了兩堂課：政治權力的運作模式是什麼，以及尋求政權、握有政權的人的樣貌。掃羅的故事描繪了政治野心的核心矛盾。想要把愛、責任或聖潔當作取得、鞏固權力之工具的人，最後都會被禁錮在真空、孤單的權力監獄裡，失去了身而為人應該要有的人生目標，只會為了留住權力而奮不顧身。另一方面，大衛的故事清楚點出無可避免的政治模糊行為。由政治權宜產生出的行為，最初有可能出於真誠的道德因素。但是要看出政治行為究竟是出於政治目的或是純正的道德因素，真的很難。在分析政治生涯的時候，根本不可能確定個人的惻隱之心或使命感，到底是出自真誠的動機還是只是經過算計後的說詞。我們面對政治人物常會感到不安，原因在於：工具化使人貪腐，會吞滅道德感，所以**我們永遠無法確定擁有龐大政治權力的人究竟會出現哪些行為**；就算掌權者過去記錄良好，善良又充滿人情味，但是當鞏固權力和道德正義、正當行為產生衝突時，一樣會出現這個問題。

VI

〈撒母耳記〉的作者為了要讓讀者更明白這種衝突，也記載了一些非政治人物在非政治的領域裡，真心發自同理而產生的行為，以此作為對比[31]。掃羅死前最後一晚，密訪一個住在隱多珥（En-dor）的交鬼婦人。非利士人陣仗浩大，掃羅在整軍的時候，就已經感覺大事不妙：

非利士人聚集，來到書念（Shunem）安營；掃羅將全以色列聚集起來，在基利波安營。掃羅看見非利士人的軍旅就懼怕，心中大大發顫。掃羅求問耶和華，耶和華卻不藉夢、或烏陵（Urim）、或申言者回答他。（撒母耳記上二十八章四至六節）

絕望的掃羅感覺自己孤立無援，又無法從正常管道得著神安慰的話，於是便尋求禁忌的神秘力量，想知道前途如何，他又應該怎麼做：「掃羅對臣僕說，當為我找一個交鬼的婦人，我好去問她。」（撒母耳記上二十八章七節）。故事一開始作者就已經告訴讀者：掃羅嚴禁國內行巫術。禁止交鬼並不是因為交鬼獲得的資訊不正確或無效，交鬼獲得的訊息其實可能很準確，只是根據律法，只有神和神的使者有權向人類說預言。但這時掃羅已被逼入絕境，只好轉而訴諸自己當初禁止的行為。

掃羅的臣僕替他找到一個住在隱多珥的婦人，距離以色列軍營不遠，掃羅改了裝，從軍營帶兩個人，趁著黑夜偷偷跑去問這名婦人將要發生的事。婦人沒有認出變裝的掃羅，聽到他們要請亡靈幫忙預知未來，便說了他們已經知道的事：國王嚴禁巫術，不能交鬼詢問王國的存亡。交鬼的婦人害怕他們找她是要陷害她，是要獵捕行巫術之人，進而處死她。掃羅以神的名起誓，向她保證她不會有事。

雖然撒母耳生前已經不理睬掃羅了，但擔心害怕的掃羅王仍信任這位當初膏他為王的已故先知，於是掃羅要隱多珥婦人招喚撒母耳的亡靈。撒母耳亡靈出現時，婦人才驚覺，原來上門的竟是掃羅本人，於是大聲叫了出來[32]。婦人當面斥責掃羅起誓欺騙她不會遭害。可是身份曝光的掃羅再三保證婦人不會有危險，要她繼續問撒母耳[33]。結果撒母耳亡魂現身，不但沒有說安慰的話，也沒有給擔心害怕、六神無主的掃羅任何實質建議。死後的撒母耳，和他生前一樣痛恨掃羅，撒母耳厲聲責備掃羅，再次重申神早已離開掃羅，神已經與掃羅為敵，接著又幾乎是幸災樂禍地告訴掃羅，他和他的兒子明日必死：「明日你和你眾子必與我在一處了」。（撒母耳記上二十八章十九節）。

絕望的掃羅王整個人無力癱倒在地，連話都說不出來，因為撒母耳無情的死期預言，也因為先前已經一晝一夜都沒進食，失去了力氣。緊接著，交鬼婦人以寬宏的善心與憐愛，對待絕望的掃羅。這種純粹、不帶任何目的的慈愛，相當難得。更別說，交鬼婦人此時憐憫的對象，是以前逼迫她的人，而且這個人也活不過一日了，是個敗犬，未來不可能給她什麼好處：

婦人到掃羅面前，見他極其驚惶，就對他說，看哪，婢女聽了你的話；我不顧惜自己的性命，聽了你對我所說的話。現在求你也聽婢女的話，讓我在你面前擺上一點食物；你要喫，好有力氣行路。掃羅不肯，說，我不喫。但他的僕人和婦人都勉強他，他纔聽了他們的話，從地上起來，坐在床上。婦人家裏有一隻肥牛犢；她急忙將肥牛犢宰了，又拿麵摶成無酵餅烤了，擺在掃羅和他僕人面前。他們喫完，當夜就起身走了。（撒母耳記上二十八章廿一至廿五節）

掃羅最後的晚餐由社會邊緣婦人提供，想也知道，這名婦人與政治權力完全沾不上邊。她因為從事巫術工作，成了受逼迫的罪人，但她看見挫敗的王癱倒在她家地上，發自內心的善良行為，與〈撒母耳記〉故事中那些有權有勢的英雄們的道德，完全不能相比。充滿怨念的撒母耳在掃羅的最後一晚，說出殘酷、毫不寬容的話。大衛和他的軍隊正安全地躲在亞吉領地。唯一願意給掃羅溫暖，用家裡的一點食物餵食掃羅的，只有這名隱多珥婦人[34]。婦人單純的憐恤之心，在充滿假虔誠和虛偽政治的文本中，更是特出。婦人的善行表裡一致，她的善行也不是為了達成某個目的，和權力尋求者以及坐擁權力者相去甚遠。這名婦人也是難能可貴的道德英雄，而在總是模糊不清的政治世界中，道德是很難有立足之地的。

第二章 政治暴力：骯髒事 vs. 忠誠

〈撒母耳記〉描繪的世界中，有組織的政治架構（尤其是有徵稅、徵兵權力的政治架構）奠基於暴力。因為在面對外部侵略者的攻擊、併吞時，需要建立適當的集體防禦機制，為了因應這樣的需求，組織性的政治架構因此誕生。為了解決存在焦慮的問題以及無盡的保護需求，起初只是防禦措施的政治架構，無可避免地出現了可能導致自我毀滅的轉變：如果統治者有了足夠的權力可以保護他的人民免受外侮威脅，統治者就有能力可以把這樣的權力用來虐待自己的人民，而且在政治上不用負責。

〈撒母耳記〉談到以色列君主制度的起源，提到統治者的慣用手段：統治者為要維護公眾利益而被賦予權力，卻把這種權力用來對付人民和屬下，造成雙方之間痛苦的關係。君王專橫地把政治暴力從「外侮」轉移至「君王統管的人民」身上，造成的影響遠超過先知撒母耳當年的嚴厲警告——他警告的，是看似不合理但尚可接受的徵稅、徵兵權。這些影響可見於以色列王的兩個濫殺無辜事件——首先是掃羅在殺害在挪伯（Nob）的祭司，再來是大衛殺害忠心的軍官烏利亞（Uriah），又連帶害死了數名以色列的優秀勇士。仔細閱讀這些故事便會發現，〈撒母耳記〉作者用精湛筆法寫下道德淪喪的殺人故事，雖然故事背景有所不同，又是分別由兩個不同的以色列王所犯，卻道出了政治犯罪的起源和性質。

I

掃羅是在瘋狂追殺大衛不成的時候，殺害了挪伯的祭司。大衛在這個階段，因為有米甲無私的幫助，成功躲避了掃羅的追殺。而約拿單也警告大衛，自己的父親已下定決心要滅大衛，要大衛趕緊逃命。掃羅千方百計想要殲滅敵人大衛，卻一再失敗而惱怒不已，此時大衛已逃到猶大的東界。掃羅王知道約拿單喜愛大衛，又知道約拿單認為大衛沒有做錯事，即便掃羅已經對大衛下了追殺令，約拿單還是幫助大衛。在這樣的背景中，〈撒母耳記〉的作者寫下了掃羅悲慘政治生涯中最黑暗的篇章：

掃羅聽見大衛和跟隨他的人被發現了。那時掃羅坐在基比亞（Gibeah）高處的垂絲柳樹下，手裏拿著槍，眾臣僕侍立在他左右。掃羅對左右侍立的臣僕說，便雅憫人哪，你們要聽我的話：耶西的兒子能將田地和葡萄園賜給你們各人麼？能立你們各人作千夫長和百夫長麼？你們竟都結黨害我；我的兒子與耶西的兒子結盟的時候，無人告訴我；我的兒子挑唆我的臣僕謀害我，就如今日的光景，你們也無人告訴我，為我憂慮[1]。（撒母耳記上二十二章六至八節）

統治者為了強化人民對他的尊敬與敬畏，藉此讓人民順服，於是將政治權力極大化，刻意使掌權者與人民隔開，盡量減少人民與掌權者之間的情誼連結。統治者和人民之間的關係也變得薄弱。沒錯，至高無上的權力可能會導致下屬產生極其強烈、近幾偏執的不信任感。若是出現了強大的王位競爭者，在心靈上早已孤立的掌權者也會變得非常善疑，就連對最親密的親信也會出現不合理的猜忌。這時掃羅開始猜忌：在自己出身的便雅憫支派中，有人好像與大衛密謀想把他拉下王位；他懷疑大衛承諾給他們財富和軍權，藉此要他們背叛同族的親人掃羅[2]。

掃羅想要鞏固王位的執念，導致他把身邊的人變成維持權力的手段。但是這樣無所不用其極地利用他人，也造成信任和忠誠的崩解。如此徹底被權力慾望支配的人，不可能會有真誠的人際關係。掃羅利用他人來鞏固權力，又認為身旁的人也是在彼此利用；他把自己的動機和行為模式套用在他人身上。這種心態只會加劇掃羅更加相信自己的信念是真的——他身邊的人發現掃羅把自己當成棋子，用完即丟，自然會用相同的方式對待掃羅，利用想要利用他們的人。所以掃羅對於親信背叛自己的過度恐懼，就成了政治工具化自我毀滅的因和果。

這裡我們看到對王權的偏執以及不合理的不信任，也伴隨著極度自戀和自憐。掃羅在控告同族親信與大衛密謀結黨後，他的王位不穩了，內心的痛苦也一覽無遺，掃羅大聲哀號，表示臣僕和屬下沒有一人站在自己這邊，也沒有人真心在乎他。但是大家對掃羅的痛苦無動於衷。就算這時這些人還沒出賣掃羅，背叛也是遲早的事。想像一下，掃羅四面受敵，身邊充斥著各種秘密和未來的背叛者，他一定感到孤立無援[3]。掃羅在眾人面前自尊受創，緊接著他開始覺得自己是被害者，處處是危險。雖然掃羅才是要追殺大衛的人，他卻表示大衛和自己的兒子密謀，準備篡奪他的以色列王位，殺害以色列君王。掃羅是擁有兵權的侵略者，數次親自追討大衛的性命，這時卻把自己說成無助無援、被孤立的受害者。掃羅兩度手裡握著危險的槍，想要把大衛刺透，釘在牆上[4]，掃羅是個可憐人，淹沒在「有人要害我」的想法裡，又無法信任與他最親近的臣僕，只能低聲下氣博取同情，這樣的掃羅卻說遭迫害的大衛才是真的密謀弒君壞蛋。情緒激動的惡人先告狀，說自己是受害者，這通常都是暴力行為的序曲。

掃羅哀嘆大家對他有所隱瞞、有所密謀，沒有人告訴他兒子和大衛間的秘密約定，沒有人值得信任。對於這樣一個充滿不信任、認為身邊到處是叛徒的政治人物，旁人該如何展現忠誠呢？唯一的方法只有打破沉默，提供陷害「叛徒」的情資。果然，接下來的故事是這樣的：

那時被立管理掃羅臣僕的以東人多益（Doeg）回答說，我曾看見耶西的兒子到了挪伯，亞希突（Ahitub）的兒子亞希米勒（Ahimelech）那裏。亞希米勒為他求問耶和華，又給他食物，並給他非利士人歌利亞的刀。（撒母耳記上二十二章九至十節）

報信者多益展現了對掃羅的忠誠，而這個報信者恰巧是個外族的傭兵，也是替掃羅管理牲口的司牧長。他提供的資訊非常有用，因為這剛好戳中掃羅的黑暗陰謀論。然而這位多益一方面順著掃羅的偏執，另一面又重新界定了「可疑份子」這四個字：掃羅原本懷疑的對象是他身邊親信的朝臣，但多益把目標轉移到更遠的人身上，也就是位在挪伯的祭司亞希米勒。

多益不僅想要平息王的憤怒，也想煽動掃羅王，更想讓掃羅王的怒氣轉向，所以他的言辭閃爍：多益說亞希米勒提供物資幫助大衛，其實不正確。先前我們已經看到大衛欺騙了亞希米勒的故事，所以讀者知道多益所言不真、居心不軌。上一章寫道，大衛逃到挪伯聖所時兩手空空，假裝自己是受掃羅差遣，準備執行秘密任務。在這樣的偽裝之下，大衛要亞希米勒提供他食物和軍用品。毫不知情的亞希米勒被騙了，於是答應大衛的請求，把聖餅和哥利亞的刀給了大衛。但是大衛並未要求祭司替他求問神。事實與多益提供的情報相反，亞希米勒並未替大衛執行聖職。

多益謊稱亞希米勒答應替大衛求問神有兩個原因。假使亞希米勒確實替大衛求問神，他就等同是大衛的祭司。這樣一來，亞希米勒就不僅是在幫助王室派來的人，而是成了大衛的下屬。祭司通常僅在急難時，或在君王的請求之下，才替君王執行與神溝通的聖職[5]。「替大衛求問神」這個動作，等於是在挑戰掃羅的王權。

多益謊報大衛與祭司亞希米勒的互動，可能還有另一個更重要的原因，就是要讓亞希米勒被掃羅誤會。假使大衛真的請亞希米勒替他求問神接下來應當如何行，亞希米勒應該就會發現，大衛其實只是在躲避掃羅王的逃犯。此外，不管大衛請亞希米勒求問神的內容為何，都會暴露大衛的不法意圖。若是亞希米勒真如多益所言替大衛求問了神，那麼在大衛的叛國行為中，亞希米勒就真的會是共犯了。

掃羅的疑心已來到頂點，他馬上傳喚亞希米勒，判他密謀。多益利用掃羅抓叛徒的偏執，把掃羅王的目標從親信轉移至遠處的人，這個計謀相當奏效：

王就打發人將亞希突的兒子祭司亞希米勒，和他父親的全家，就是在挪伯的眾祭司都召了來；他們就都來見王。掃羅說，亞希突的兒子，你要聽我的話。他說，我主，我在這裏。掃羅對他說，你為甚麼與耶西的兒子結黨害我，將食物和刀給他，又為他求問神，使他起來謀害我，就如今日的光景？亞希米勒回答王說，王的眾臣僕中有誰像大衛那樣忠信呢？他是王的女婿，又是王的參謀，並且在王家中是尊貴的。我豈是從今日纔為他求問神呢？斷不是這樣！

王不要歸咎於僕人，和僕人父親的全家；因為這整件事，無論大小，僕人都不知道。（撒母耳記上二十二章十一至十五節）

掃羅內心這種偏執、自憐、憤怒的混合情緒，會造成致命的後果：會有大量的無辜人士被牽連。雖然多益只有向掃羅舉報了亞希米勒，但是真知灼見的作者告訴讀者：掃羅不只傳喚了亞希米勒，也傳喚了亞希米勒全家[6]。掃羅心裡極度不信任，所以他可能是這樣想的：亞希米勒不可能一個人完成這些事；他的家人、身邊所有的親信，一定也都有所牽連。雖說掃羅是直接對亞希米勒說話，但是希伯來原文中是用多數來描寫該段：「你（們）為什麼與耶西的兒子結黨害我？」從接下來的故事中我們也可看到，亞希米勒家中共有八十七個人。多益的陰險謊言，加上掃羅喪心病狂的偏執，導致這些無辜的人也被認為結黨要害掃羅。作者在掃羅因政治偏執而產生的行為中，揭露了兩個非常關鍵、危險的特點。第一，**被逼迫、被謀害的駭人幻覺，會使人認為實際敵人或明確威脅之外，還有更大的危險，這就是偏執**。如此一來，原本心懷不軌的奸臣，就很容易操弄（或放大）統治者的感受，造成統治者被下屬刻意操弄。第二，若是過度擔心親信叛變，**統治者內心深處的不安就會無限上綱。不論誰說什麼都沒辦法緩和這種感受**。

亞希米勒必須在掃羅面前展現忠誠和順服，所以在面對掃羅最為嚴厲的指控時，亞希米勒堅稱自己對密謀毫不知情。在亞希米勒眼中，掃羅王的女婿大衛是掃羅最忠誠、最直得尊敬的僕人[7]。亞希米勒斷然否認自己曾替大衛求問神，他說自己不是叛國共犯[8]。然而，亞希米勒的辯解之所以值得細讀，是因為他刻意避免仔細交代那天發生的事情的全貌。從上一章的故事中我們知道，亞希米勒大可說出事實：「我也問過大衛他為什麼獨自前來，大衛說是掃羅王派他來出秘密任務。我被大衛騙了，我不是共犯。這整件事情與我無關。」亞希米勒既然知道自己面臨的是死刑，為什麼不告訴掃羅大衛欺騙他呢？

亞希米勒決定不提此事，也許是因為如果提了，就會感覺他從一開始就對大衛的行為有點疑心，畢竟亞希米勒當時看到掃羅的高階將領獨自前來，甚是恐懼戰兢。若他當時就認為事有蹊蹺，就應該立刻向掃羅的朝廷回報，但他並沒有這樣做，所以很可疑。亞希米勒之所以決定不向掃羅說出大衛的謊言，這也算合理解釋。但是還有另一個原因可能性更高（雖然只是推測）：祭司亞希米勒沒有即時舉報大衛替掃羅王出秘密任務的謊言，可能是因為他心裡不想陷大衛於不義。也許亞希米勒並不想揭穿大衛在躲避掃羅的追殺時，甚至不惜欺騙神選立的人。

掃羅與亞希米勒的對話極為簡短，卻點出了多益、掃羅、亞希米勒三人在道德上的關鍵差異。詭詐的多益把密謀的罪從掃羅身邊的臣僕轉嫁至遠方的亞希米勒，偏執的掃羅又把亞希米勒全家污名化，而清白的祭司亞希米勒不僅沒有揭露大衛的過犯，甚至不惜自己的生命，努力保護大衛。

亞希米勒的辯解，並沒有被掃羅聽進去。掃羅立刻下令處決所有祭司：

> 王說，亞希米勒阿，你和你父親的全家都是該死的。王就對左右侍立的護衛兵說，你們轉過去殺耶和華的祭司，因為他們與大衛聯手，又知道大衛逃跑，竟沒有告訴我。王的臣僕卻不肯伸手殺耶和華的祭司。（撒母耳記上

二十二章十六至十七節）

掃羅王的護衛聽到了處決挪伯祭司的命令卻不敢下手。顯然他們不願意違反殺害祭司的禁忌[9]，決定違抗掃羅王的命令；可能也是因為他們發現這個控告根本不合理，且把「密謀要陷害掃羅的人」外推至住在挪伯的祭司，也不公正。〈撒母耳記〉的作者在這裡揭露了政治暴力關係中，另一項重要的關鍵：**君王需要他人的配合**，所有政權都是這樣。君王的命令要有效，就需要他的軍隊認定這些命令合理。所以，當手握實際暴力能力（軍權）的人拒絕合作，君王至高無上的命令就變成了一句空話[10]。掃羅的政權式微，成了疲軟無力的君王。不管統治者再強，都不可能完全靠脅迫的方式來使握有脅迫實權的人來替他做事。所以，當統治者下令要對付自己的子民時，就可能會被不願意聽命殺害族人的軍隊所反制，何況掃羅下令要殺掉的族人，更具有神的祭司身份。

護衛堅拒殺害祭司，而掃羅的處理方式，今日的獨裁統治者也還在使用：掃羅找了一個外族殺手，這個殺手和以色列祭司毫無關連，自己也沒有任何權力，只能聽命於王，乖乖根據自己在王室的地位行事：

王對多益說，你轉過去殺祭司罷。以東人多益就轉過去殺祭司，那日殺了穿細麻布以弗得（ephod）的八十五人；又用刀攻擊祭司城挪伯，將城中的男女、孩童、喫奶的，和牛、驢、羊，盡都用刀殺滅。（撒母耳記上二十二章十八至十九節）

以東人多益沒有血脈的包袱，下手殺害祭司也完全不受良心譴責。多益立刻服從掃羅的命令，雖然這個命令涉及的人，已經遠超過他自己當時的誣陷——多益當時只舉報了亞希米勒。多益照著掃羅王的話，殺害了八十七位無辜的祭司。從這個故事我們可以看見，掃羅荒謬的統治方式中，交織著政治暴力的本質。

當正義遭到破壞，當明顯無辜的人遭到殺害，殺戮就不會僅侷限在起初被定罪的那些人；當控告和猜忌毫無根據，懲罰就會沒有界線，沒有限制。瘋狂濫殺所有挪伯人的事件中，連年輕人、嬰兒、甚至是家畜都不被放過。**正因多益是外族人，缺少血脈的連結，所以他更需要證明自己對掃羅王的忠誠**。幫主子執行骯髒壞事，最能展現忠誠。執行王室殺害無辜的命令，比單純的餽贈利益，更能鞏固下屬和統治者之間的關係，這是政治中非常深層、黑暗的一面。掃羅和多益之間沒有親族血脈的關係，但他們有了另一種連結：殺戮的罪惡感。

有些《聖經》學者認為屠殺挪伯的祭司是理性行為，因為這樣可以讓以色列其他人知道，若有誰膽敢提供逃犯大衛庇護或是物資，掃羅對這種事會是零容忍。挪伯祭司雖然是無辜的，但這樣更顯得掃羅的警告強而有力。這樣的解讀雖說不無可能，可稱是有說服力，但因為〈撒母耳記〉作者不斷強調至高無上的權力中內心深處的情緒，使得這種解讀又有點說不過去。故事走到這個階段，掃羅的形象不是善於算計、理性的人，而是被懷疑、嫉妒、偏邪的情緒所攪擾的人。掃羅數次想殺大衛失敗，大衛和大衛所代表的一切，似乎就是掃羅濫殺無辜的罪行最可能的動機。

〈撒母耳記〉這位不知名的作者仔細描繪屠殺挪伯祭司事件的很多細節，顯示作者想要挖掘政治暴力最深層的重要面向，想要揭露「當統治者把原本應該是抵禦外侮的暴力能力，用來對付自己的子民與下屬時」，會出現什麼結構性問題。以色列人知道，也接受，政治伴隨的徵稅與徵兵義務，但是以色列人並未同意心理狀態不穩的偏執君王濫殺無辜同胞。

作者在分析這種歷史不斷重演的權力關係時，重點不在於利用無情屠殺來殺雞儆猴，而是想表達出：暴力和偏執之間、濫殺無辜和統治者因混亂孤立而導致的可怕不信任感之間，有更深層的關係。當坐擁權力者像掃羅這樣極度不安時，權力就會變得非常危險。

作者在這裡對人類政治還有另一個鞭辟入裡的洞見。對至高無上權力的競爭，很容易使現任統治者進入一個惡性循環。備受愛戴又才華洋溢的人突然出現，使統治者的王位受到威脅，統治者就會急著想要利用身邊的人來鞏固自己的權力。但是，這樣做並不會使不安全感消失，反而會助長不安全感。統治者控制周遭所有人的慾望，導致他不信任身邊的人，因為他會把自己的謀畫和操控方式投射在臣僕身上。於是，統治者的防衛心就這樣失控了，他心裡的不安更強了，因為統治者目標不明確，而且，偏執的統治者很容易被心裡有奸計的王室成員操弄。偏執的統治者無處不嗅到背叛的味道，於是他失控了，無法冷靜思考可能發生的後果；在面對未經證實的背叛時，行為就會亂七八糟，彷彿一片在風中擺盪的葉子一般。

偏執會導致大災難。偏執狂飄忽不定、容易操弄、容易無限上綱的特質，會造成亂象橫生。偏執君王手上的強大權力會改變隨從的動機，使隨從在君王面前隱藏真相，更進一步截斷君王已經有限的可靠線報。君王開始失去理智，感覺角色對調時，本身是侵略者的君王便會顧影自憐，認為自己才是真的受害者，這個時候，君王的偏執又會更加強化、更加危險。

當統治者自認為向人民施加暴力是為了顧全大局時，軍人就有可能反抗，因為軍人是實際握有暴力能力的人，他們通常不願意使用這種致命的能力做出對親人、族人不義的事。這就是為什麼在權力底下，沒有血緣關係卻又必須有效展現忠誠的外邦人，常是最願意、最不顧公理，能替統治者對無辜子民施展暴力的人。掌權者的武裝部下抗拒命令，可能會暫且姑息外邦人犯下這樣的罪行，只要掌權者不叫自己執行命令就好，但掌權者會承受風險。行為和不行為之間的道德模糊地帶，在風險很高的時候，會被拿來當作合理藉口的空間。〈撒母耳記〉的作者暗示，掌權者可以利用不想弄髒自己雙手，被動順服的人，來謀畫政治犯罪。

第二個故事，也就是大衛謀殺烏利亞事件，作者在完全不同的背景、風格迥異的統治者的脈絡下，探討政治暴力。這個故事中，君王厚顏無恥地送無辜的下屬和人民赴死，作者在這個故事中著重探討第二種政治暴力，這是完全不同的面向，這一次涉及執行者和規避政治責任的問題。我們現在就要來探討政治犯罪的第二種來源或形式，這種政治犯罪不是源於偏執，反是源自過度自信、自認有權、道德淪喪。比照挪伯祭司屠殺事件，仔細審視複雜的烏利亞謀殺事件的細節，可以幫助我們揭露這個故事結構呈現的最重要、最關鍵的主題。

II

大衛謀殺烏利亞的時候，正處在權力的巔峰。當時大衛已攻下耶路撒冷，把自己的王室從猶大荒野正中央的希伯崙（Hebron）遷了過去，耶路撒冷位在猶大和便雅憫支派的邊界，大衛從支派領導人，晉升而成以色列全地的王。大衛接下來的軍事行動也都相當成功，他西擊非利士、南征以東、東討摩押，大獲全勝。到了大衛向北攻打瑣巴（Zobah）的亞蘭王國（Aramean kingdom）時，文中已把大衛描繪成新興的地方霸主。大衛獲得推羅（Tyre）王希蘭（Hiram）的幫助，希蘭把香柏木和匠人送至耶路撒冷，好讓大衛建造宮殿，他的妻妾、子女，都住在宮殿中。要讓大衛的王位實至名歸，現在獨缺神的殿。凱旋來到耶路撒冷的大衛王，打算替他的宮殿建設一個附屬神殿。神應許大衛一個永存的朝代，但是對於大衛要在君王屬地的榮美宮殿旁「附設」神聖居所，可能有點不願。總而言之，神拒絕了大衛建殿的要求。大衛得等到自己的兒子、後代繼承王位後，這項「加冕」建設才有可能完成。

大衛犯下他最著名的殺人大罪之時，大衛的軍隊正在以色列東邊，約旦河另一側，與亞捫人（Ammonites）作戰。〈撒母耳記〉文本中，這個精彩豐富的故事是這樣展開的：

到了年初，列王出戰的時候，大衛差派約押和跟隨他的臣僕，並以色列全軍出戰；他們殲毀亞捫人，圍攻拉巴（Rabbah）。但大衛仍住在耶路撒冷。（撒母耳記下十一章一節）

這個開場寫得非常巧妙，這是大衛將犯之罪的場景。大衛王的行為結合了極致自戀和自我放縱，非常可怕。大衛完全掌握了自己的軍隊，可以舒適地在宮殿中遙控戰場，這是疲軟無力的掃羅王始終沒有達到的境界。大衛在自己的堡壘中發號施令，非常確定他可靠、聽話的前線軍官會遵守他的命令。大衛已不是過去到處漂流的混混，也不是帶著軍隊在鄉間游擊的頭目。大衛現在是舒舒服服、安安穩穩的君王。大衛對當下的戰役一點也不感到憂心，也不需要掌控作戰細節。

君王「安坐」在家，軍隊則在沙場作戰，這個反差不僅可看出以色列的極權統治，更可以看出大衛無可救藥的自戀。由此也可看出大衛的放蕩、高傲、揮霍。若君王長期親自在戰場指揮作戰，臨時因為家中有緊急事件必須處理而待在家中，急切等候戰場消息，可能還說得過去[11]。但是文中接著描繪了軍隊在拉巴奮力作戰時大衛的日常休閒，所以上述解釋並不成立：

> 大衛從床上起來，在王宮的平頂上散步，從平頂上看見一個婦人沐浴，容貌甚美。（撒母耳記下十一章二節）

大衛午覺睡到傍晚，醒來時，他在屋頂上閒晃，享受耶路撒冷傍晚的怡人微風。他一點也沒把王國急切的大事放在心上，大衛這自信滿滿、不疾不徐的君王，沈溺在頹喪之中。這種心境反映、強化了一種危險的情結，就是對自己的王權過度自信。大衛在他發號施令的王宮屋頂上，忽然看見一名迷人美麗的女子，便隨即差派僕人去找她。大衛王不加修飾的唐突行徑以及接下來系列事件的節奏，強烈顯示大衛王無法抗拒對自己的子民使用他的權力：

> 大衛差使者去，將婦人接來；她來了，大衛就與她同房。（那時她的月經纔得潔淨。）事後她回家去了。後來婦人懷了孕，就打發人去告訴大衛說，我懷了孕。大衛差人到約押那裏，說，你打發赫人烏利亞到我這裏來。約押就打發烏利亞去見大衛。（撒母耳記下十一章三至六節，恢復本中譯為四至六節）

偏執的掃羅完全不信任他的親信，但是大衛不同，大衛冷靜沈著、信心滿滿，甚至有些草率，大衛不覺得有必要三思而後行。大衛打發一位使者去打聽這位美麗的婦人，又再打發其他人，帶她到大衛宮內。大衛這般冷靜，傳達的還不僅是王位未受威脅的統治者的漫不經心。所有讀者讀到這幾段經節都會發現，文中不斷出現「打發」這個動詞[12]。作者不斷使用該詞，是想要強調權力的元素以及權力運作方式的核心特質。

位階制的權力中，坐擁權力的人可以遠端發號施令。王的代理人有能力可以再把指令下放給下屬，下屬的權力從頂點往下或從權力中心往外，再下放給更下層的下屬，形成一條因果權力鏈。權力鏈越長，統治者就越能藉著權力鏈中行為人的行為，藏身在後。這就好像是統治者的手藉著一連串的代理人，觸及遙遠的目標，完成他的命令。動詞「打發」在文本中不斷重複出現，要強調的就是遠端操弄的強大政治極權。統治者有很多信使、代理人和手下，這些人不僅是統治者的工具，更重要的，是在這個脈絡中，他們是障眼法，用來模糊發起行為者的真實身份，在行為的各個階段之中，隱藏發起人的操控。

文本在開頭的場景，就已經暗示了掌權者離行為發生地非常遙遠[13]。大衛王在犯姦淫和謀殺罪之前，就已經在耶路撒冷過著奢華的生活，而他的軍隊卻在拉巴與亞捫人奮力交戰。當然，遠端遙控本來就是所有階級組織的特色，〈士師記〉中的無政府神治狀態，已被專制極權君主制度取代，以色列的極權君主制度就是階級組織。作者用精湛的文筆，慢慢鋪陳大衛從宮殿遠端遙控，一開始是為了指揮作戰，但後來卻也被用來進行政治犯罪。這是因為政治遙控對事後免責非常方便。創造出這種權力關係鏈，把事情分派給代理人處理，若統治者犯下暴力行為，就可以巧妙脫身。這是代理人制度的黑暗面。由不知情的代理人來從事行為，可以輕鬆轉移或規避責任，統治者惡意犯罪，實際惡行卻很難追究至統治者身上。「要是統治者知道底下的人究竟在幹些什麼就好了！」這種一天到晚出現的抱怨，暗示著統治者若是從事違反道德的行為，很容易脫身。

文本緩緩鋪陳大衛在屋頂閒晃、一點也不擔心戰事，然而接著發生了一件事讓君王陷入政治危機，行文節奏馬上變得緊鑼密鼓。烏利亞（Uriah）的妻子拔示巴懷了大衛的孩子。拔示巴的懷孕究竟是一時意亂情迷的意外，還是拔示巴計畫已久的事，我們不得而知。不小心讓別的男人的妻子懷了孕會帶來很多麻煩，一般人可能會覺得大事不妙、充滿愧疚，甚至打算道歉。但是政治權力是滿足人類慾望的強大工具。至高無上的政治權力可以翻轉動機和規畫，政治權力這個「工具」，會放大統治者的目的和目標，甚至導致犯罪。

烏利亞事件一般被認為是大衛故事的關鍵轉捩點，作者藉著這個事件，用令人難忘的細節，探索政治權力容易被忽視的面向，也就是政治權力可以掌控、改變統治者，統治者可能會認為自己是在行使自己應有的權力，認為自己可以恣意行使政權。統治者並非選擇手邊既有的方式，而是窮盡各種方式，最終導致目的越來越龐大。至少，有時候，坐擁大權的人從事某些行為，單純只是因為他們辦得到。這感覺只是件小事，其實不然。我們認為是統治者行使權力，事實上，大衛的故事讓我們看見政治權力也會使用統治者，操弄統治者的動機、抱負，以及自由。舉例來說，任意把政治權力當作工具用來犯罪的人，不會受到良心譴責，反而會不自主地想要把事情「處理好」。

從文本鮮明的描繪中可以看出，統治者身邊的人諂媚服從，會養出統治者認為自己無所不能的幻想，這會讓統治者迅速掉入犯罪的深淵。烏利亞離開耶路撒冷，替大衛王在前線作戰，讓大衛王有機可乘，染指烏利亞忠誠的妻子。烏利亞正在前線替大衛王和以色列人民打衝鋒陷陣，大衛因此有機會犯姦淫，放蕩不羈的王在宮中調戲女子，他的軍隊卻在前線冒著生命危險，這個差異更讓讀者感覺難受。

大衛王有至高無上的權力，想做什麼就做什麼，也代表大衛可以立刻把烏利亞從前線叫回耶路撒冷。若烏利亞與拔示巴同房，大衛犯姦淫的罪就可以粉飾太平，這樣拔示巴的身孕就會被認為是忠心耿耿的丈夫造成的。大衛為了脫罪，派了一名信使去找約押，傳喚烏利亞回耶路撒冷：

> 烏利亞來了，大衛問約押好，也問眾兵好，又問爭戰的事怎樣。大衛對烏利亞說，你下到家裏去，洗洗腳罷。烏利亞出了王宮，隨後王送他一分食物。烏利亞卻和他主人的眾僕人一同睡在王宮門外，沒有下到自己家裏去。有人告訴大衛說，烏利亞沒有下到自己家裏去。大衛就問烏利亞說，你從遠路回來，為甚麼不下到自己家裏去呢？烏利亞對大衛說，約櫃和以色列與猶大兵都住在棚裏，我主約押和我主的僕人都在田野安營；我豈可回家喫喝，與妻子同寢呢？我指著王和王的性命起誓，我絕不行這事！大衛對烏利亞說，你今日仍住在這裏，明日我纔打發你去。於是烏利亞那日和次日住在耶路撒冷。大衛召請烏利亞來，叫他在自己面前喫喝，使他喝醉。到了晚上，烏利亞出去與他主的

僕人一同住宿，並沒有下到自己家裏去。（撒母耳記下十一章七至十四節，恢復本中譯為七至十三節）

大衛怕烏立亞懷疑王為什麼把他從前線叫回耶路撒冷，便要烏利亞回報戰況[14]。聰明的領導者通常會從一般軍人身上詢問戰事消息，獲得官方情報以外的不同觀點，在君王例常會收到的正式回報外，獲知客觀情勢。烏利亞回報戰況後，大衛王並沒有馬上要烏利亞回到前線，看似大方體貼的以色列王要烏利亞回家，我們知道烏利亞家就在宮殿附近。大衛認為想家的士兵不會錯過回家的好機會。但是忠心耿耿的烏利亞卻堅持與軍隊齊心，不願意回家休息，所以和王的僕人一起在門口休息[15]。

有些《聖經》學者認為，烏利亞不願意回家休息，可能是在心裡默默斥責大衛的行為。大衛王要烏利亞把握離開前線的機會回家一趟，烏利亞的回應非常仔細，他提到自己不願回家是因為約櫃、約押以及以色列人都還在戰場，沒有住所，又遭受敵軍攻擊。烏利亞的同袍正在戰火之中，所以他拒絕在家享樂，讓大衛王自私的行為和其他人齊心作戰的情操形成強烈對比，就連象徵神的約櫃，也在戰場上。大衛的墮落享樂顯然不是烏利亞的好榜樣，戰時軍人不該有這樣的行為。更甚，烏利亞特別提到，他不能回家「與妻子同寢」，大衛並未明確指出這個隱私的細節，代表烏利亞可能懷疑大衛王有陰謀，因為大衛王執著地想要知道烏利亞晚上人究竟在哪裡[16]。

我們知道大衛並不是特別謹慎，一直派人在他跟拔示巴之間跑來跑去，打探消息，宮殿內可能早已傳起了八卦。晚上和僕人睡在一起也是個好機會，可以打聽宮殿中是否有什麼偷雞摸狗的姦情和八卦。

大衛數次隱匿姦情失敗，只好訴諸更殘忍的手段，想從自己性出軌的荒誕行為帶來的危險脫身。烏利亞頑梗拒絕大衛暗中的計畫，讓大衛無法粉飾太平，所以大衛只好犯下更可怕的罪行：

次日早晨，大衛寫信與約押，交烏利亞親手帶去。信內寫著說，要派烏利亞到戰事最激烈的前方，你們便退後，使他被擊殺而死。（撒母耳記下十一章

十五節，恢復本中譯為十四至十五節）

大衛寫給約押的信由烏利亞親自送去，於是烏利亞成了自己的死亡傳信人。大衛知道烏利亞是極為忠誠的軍人，絕不會打開彌封的信件[17]。大衛這個計謀，讓〈撒母耳記〉的作者揭露了政治暴力的另一個關鍵真相。

大衛操弄環境，讓自己與謀殺計謀脫鉤，最後藉著亞捫人（敵人）的手殺了烏利亞[18]。於是，政治暴力的行為一次一點點、透過一串行為代理人來完成。遠端遙控的能力替階級制度政權帶來了新的可能，若非如此，大衛可能就無法犯下、甚至根本無法想像這麼可怕的罪行。大衛王有權叫約押命令軍隊（包括烏利亞）挺進水深火熱的戰事前線，然後再忽然撤軍，拋棄烏利亞，讓敵軍殺害烏利亞。

極大權力的特色就是藉由遠端遙控來影響事件的結果，不管這項行為是否符合道德規範，或是為了達成駭人的目的。對掌權者來說，濫殺成了不可抗拒的強大誘惑，因為發起人和行為人之間沒有直接關係，很容易規避責任。如果君王可以機智地煽動敵軍做出致命的一擊，那麼權力鏈中的最後一個行為人也能免責。這種模式中存在著一個矛盾，**就是握有權力的行為人可以透過各種不同的角色施展暴力，在外人看來他是無辜的，但是就連他自己在殺害無辜之後，也會欺騙自己沒有責任**。他不需要知道齷齪的細節。君王暗中下令，雙手不沾血，這不僅可以使社會的責難轉向，也會讓他自己誤以為無愧於良心。

統治者和下屬，或領導者與代理人之間的階層關係，因為有了精心設計的階段性分工，於是建構出一個可運作的政治體系，產生集體行為，有了細緻的分層結構，手握大權的統治者對自己握有權力的信念也會因而被強化。這種架構的強化，替權力建立起可信度，所以人類才會出現建立政治位階的心理，哪怕這會需要服從於高壓權力。政治位階的關鍵特色——由各種不同角色在高壓底下執行的集體行為——會強化群體自我防衛的能力。但是這也會讓政治機器轉而對抗人民，即使人民起初也同意這樣的政治體系。統治者使用階級制度的命令架構，可以抹去自己在動機和行為之間的痕跡，如果統治者的動機被發現了，他的政治勢力就會受到波及。統治者把行為的各個環節下放給各種不同的角色，這樣，不僅是統治者本身，就連每個層級的行為者，也可以找到脫罪的方式。一國若出現壓榨或非人道的集體行為，會很難咎責。幹壞事的那個人沒有五官。

約押執行大衛的命令，讓烏利亞去送死。約押並沒有追究謀殺令的原因，所以也不知道這個計畫是否合理[19]。約押雖是大衛的忠誠僕人，但他也非一味聽令；對於大衛下達的明確命令，約押偏離了一個很重要的關鍵，在處理方式上做了很大的調整。〈撒母耳記〉作者在描繪約押偏離大衛命令時，又更近一步寫出了政治暴力的細節，以及這個世界是如何藉著權力鏈來暗中規避責任：

於是約押在圍城的時候，知道敵人那裏有勇士，便將烏利亞派在那裏。城裏的人出來和約押打仗；民中有幾個大衛的僕人陣亡了，赫人烏利亞也死了。（撒母耳記下十一章十六至十七節）

大衛要約押命令軍隊忽然撤軍，丟下烏利亞一人，認為這樣烏利亞就會死在亞捫人手上。大衛心裡想的是只死一人，只殺烏利亞一人。但是約押並沒有按照信中的指示行事。除了烏利亞之外，大衛幾位軍兵也白白送死。

約押改動了大衛的命令，原因很簡單。假使約押逐字逐句遵守大衛的命令，軍隊就會發現有忠誠的士兵無故白死，會質疑約押為何要求撤軍，獨留烏利亞？所以，為了約押本人的利益，他根本不可能照大衛的命令逐字執行。軍隊可能會不願意撤軍，讓自己的同袍置於險境。就算軍隊真的聽了約押的命令而撤軍，他們也可能會不再信任約押這位將領。約押為了保護自己（在王面前）的權力及（軍中的）地位，必須犧牲幾個不在大衛計畫內的士兵[20]。經文中可以看出，為了要控制事件的發展，約押也親上戰場。故事提到亞捫人「和約押打仗」。約押冒著戰場風險，也許是為了確實掌控情勢，確保烏利亞必須死。

約押悄悄修改了大衛的命令，又讓我們看見了政治暴力更深的一面：當政治暴力被拆成小單元，指派給各種不同的角色去執行時，會有怎樣的發展。原初的命令下達，循著權力鏈往下走，無可避免會被每一個行為者、在每一個步驟中，做出些許改變。下屬雖然順服從命，但是在執行方式上也總是保留著一些「自主權」。在掃羅的護衛拒絕下手殺害無辜的挪伯祭司時，我們就已經看到了下令者和受令者之間無法解開的互賴關係。但是在大衛的故事中，統治者的能力更大，他的代理人基本上也非常忠心，所以關係就更微妙了。代理人也許會遵守在上位者的命令大原則，但也會想辦法保護自己免於承擔個人惡果，因為他們的統治者不會注意到這些，只有行為者自己明白。大衛在耶路撒冷發號施令時，活在自己幻想的美好世界中。大衛在謀畫的過程中，認為一切會按部就班，只有烏利亞一個人會遭亞捫人殺害，他以為他的計畫非常完美，也會被確實遵守。然而事實上，戰場情況隨時變動，不是大衛在宮裡想像的那樣。統治者要掌握長長的因果關係權力鏈，也會受到很多因素的影響。為了掩飾大衛的姦淫罪，烏利亞必須死。為了要粉飾這項不道德的計謀，權力鏈中的下一個政治行為者就需要犯下更大的罪行：一群無辜的大衛王室軍人必須陪伴烏利亞送命。

約押忠信地執行了大衛的命令，雖然還付上了王起初根本沒想到的可怕代價。任務執行完畢，現在必須向耶路撒冷回報前線戰況了。約押向大衛回報戰況的篇幅描述的非常細緻，是個精彩的故事。這裡又顯示了〈撒母耳記〉不知名作者驚人的政治靈敏度：

約押差人去將爭戰的一切事告訴大衛；又囑咐使者說，你把爭戰的一切事對王說完了，王若發怒，對你說，你們打仗為甚麼挨近城呢？豈不知敵人必從城牆上射箭麼？從前打死耶路比設（Jerubbesheth）兒子亞比米勒的是誰呢？豈不是一個婦人從城牆上拋下一塊上磨石來，打在他身上，他就死在提備斯（Thebez）麼？你們為甚麼挨近城牆呢？你就說，你的僕人赫人烏利亞也死了。（撒母耳記下十一章十八至廿一節）

約押要使者告訴大衛，有士兵在城牆附近戰死。但是我們必須仔細探討約押為什麼要使者這樣說。約押要使者把戰況報告拆成兩部分，他猜想大衛聽到第一部分（有人戰死）會先勃然大怒。約押強調，回報戰況第一部分的時候，不可以提到烏利亞的死，只能回報戰爭失利。約押確信大衛聽到此事會震怒，認為這是戰略錯誤導致的非必要傷亡。〈撒母耳記〉非常仔細描述約押對大衛王的反應預測正確。舉例來說，約押很有先見之明，知道大衛會引用《聖經》中的先例，指出敵軍在城牆上有制高點的優勢，軍隊會被騙上城牆，這是非必要的生命危險。約押心想，這時大衛怒氣難消，不知是否是真心在意自己的士兵，有可能因為士兵是戰勝的寶貴籌碼，也有可能是因為大衛王真的在乎他們的生命。約押又接著告訴使者，要等大衛王發怒完畢之後，才可以接著回報第二部分，說出烏利亞也死了。約押向使者保證，大衛王在聽到這個消息後會立刻息怒閉嘴。

約押謀畫用這種巧妙的方式來向大衛王回報戰況，不僅是要控制使者，更是想在某種程度上掌控他的上司：大衛王。約押執行了大衛的命令的精髓。但他要使者報出壞消息激怒大衛後，才能說出烏利亞已死的消息，平息大衛怒氣。在這個精心策畫的情節中，約押可能也想要讓大衛王知道，大衛的計謀已在外面傳開[21]。假使大衛王在得知烏利亞之死後，痛失軍人的怒氣忽然平息了，那麼使者就會知道大衛王至少因其中一位軍人的死感到開心，王有可能是個鐵石心腸的人。

從謀殺烏利亞故事的開場看來，大衛王的權力似乎沒有上限，但是他後來鬼鬼祟祟、濫用自己的能力來犯罪，於是他的權力就被削弱了。大衛需要隱藏自己的行為，這導致替他從事秘密任務的行為者不悅，在不受監控的狀況之下，擅自做了些決定。大衛的手下沒有按照計畫行動，所以有可能反過來操控大衛。約押計畫要讓大衛看清在上位者和在下位者之間互相依賴的矛盾關係。秘密行動權力鏈中實在有太多角色，有時一定會需要保密某些事，所以統治者在密謀犯罪時，若是下放權力給各種不同的角色，他的權力一定會受到影響。在階級制度中，若要密謀不能讓社會大眾知道的行為，此時權力就會反轉，在上的統治者會發現自己需要討好下屬。在大衛謀殺烏利亞的事件中，約押的角色顯示出，使用政治權力偷雞摸狗會造成什麼重大的影響，這套模式甚至在現今仍適用。

我們現在已經知道，若是統治者下令做出違反道德、政治不正確的事，權力鏈越拉越長，權力鏈中的角色就會在統治者背後「私自改動」計畫。在接下來只是幾筆帶過的情節中，可以看到使者向大衛回報時，也偏離了約押給他的秘密指示：

使者就去了；他來見大衛，將約押打發他去說的一切話奏告大衛。使者對大衛說，敵人強過我們，出到郊野與我們打仗，但我們追殺他們，直到城門口。射箭的從城牆上射王的僕人，射死幾個；你的僕人赫人烏利亞也死了。

（撒母耳記下十一章廿二至廿四節）

使者並沒有按照約押的指示把報告分成兩個部分。使者自己編了一個籠統的戰況回報給王。使者的版本中，軍兵傷亡並非靠近城牆戰略失誤。使者解釋，烏利亞之外的士兵之所以身亡，是因為敵軍出城追殺，卻節節敗退。比起約押設計的版本，這種說法比較不容易激怒大衛王。使者說到士兵傷亡時也一併說了烏利亞的死。

這位使者確實精明，他偏離了約押的指令，他不想先看大衛王大發雷霆，接著再說烏利亞之死，讓王稍微冷靜。這名使者其實是身處險境，他最怕的就是大衛王認定他知道烏利亞的死與大衛王有關。如果大衛王真是起了疑心，使者就會小命不保。使者擔心下一次來自耶路撒冷、送給約押的信，就是宣告他的死訊——這是合理的擔心。於是，使者來到大衛面前時，向大衛王報告了士兵戰死的事，馬上就接著說了烏利亞之死。使者並未把烏利亞之死當成單一事件，在向大衛王報惡耗之後才回頭用烏利亞之死來平息大衛的怒氣。約押策畫利用使者來對付大衛，但是使者相當精明，沒有成為約押的棋子，成功地保護了自己。

♕

烏利亞死後，拔示巴非常難過，可能是真心的，也可能是演的。接下來的文本中寫道：大衛差人將她接到宮裏，她就作了大衛的妻子（撒母耳記下十一章廿七節）。大衛王忠貞的部屬不幸戰死，大衛娶了他的遺孀為妻。這下拔示巴生下的孩子，就可以說是大衛與拔示巴結婚之後的合法孩子。烏利亞慘遭謀殺，還有其他以色列軍兵也枉死，大衛卻成功從這場惡行脫身，否則他的王位可能不保。

關於烏利亞之死的最後對話，作者用微妙的轉折來探討政治暴力的濫用：

大衛對使者說，你對約押這樣說，不要因這事難過，刀劍或吞滅這人或吞滅那人，沒有一定的；你只管竭力攻城，將城傾覆。你要用這話勉勵約押。

（撒母耳記下十一章廿五節）

大衛想要趕快了結拔示巴懷孕以及烏利亞謀殺背後的秘密，也打算趕快把約押送回戰場，佯裝一切照舊，於是說了一個驚人的比喻，顯示出統治者經常操控人心，目的就是要從自己所策劃的政治罪行脫身。大衛說：刀劍或吞滅這人或吞滅那人，沒有一定的（撒母耳記下十一章廿五節）。暴力行為被分散至權力鏈的各個行為人，最後的結論卻是，暴力工具本身有「自主能力」，因為「刀劍吞滅」。讀者當然知道，大衛針對的只有烏利亞，大衛下令謀殺烏利亞。但是大衛卻告訴使者，刀劍是有自主能力的物品，把刀劍擬人化，描述為侵略者，刀劍本身沒有事先謀畫做壞事，而是隨機殺害這人或那人，彷彿是為了滿足刀劍本身的殺戮慾望。手握刀劍的人並非為了自己的目的而殺人。在這種虛構的政治暴力解釋中，行為人消失了。行為人在可憎的政治軍事機器中，消失的無影無蹤。

大衛想要趕快讓這起事件過去，於是要使者再送最後一個訊息給約押，大衛說：不要因這事難過（撒母耳記下十一章廿五節）。大衛述說事件過程時，從一開始就否認這件事跟自己有關，他並未提及謀殺烏利亞是為了掩蓋自己的過犯。反之，大衛使用了中性、抽象的詞彙：「這事」。無情的戰爭機器本來就會造成不必要的傷亡，但用「這事」來描繪，可以避免遭受評論。

烏利亞謀殺事件清楚展現，握有大權的人與自己犯下的殘酷罪行脫鉤，最後必有得也有失。作者接下來會提到，對於政治暴力的道德譴責，必須仔細追究權力鏈中的每一個行為人，才能揭露罪行到底應該由誰負責。這個罪行的舉發出自先知拿單（Nathan）之口，拿單受神差派來譴責大衛[22]，毫無保留地說出大衛的罪行：

你為甚麼藐視耶和華的話，行祂眼中看為惡的事？你用刀擊殺赫人烏利亞，又娶了他的妻子作你的妻子；你是借亞捫人的刀殺了他。（撒母耳記下十二章九節）

吞滅軍兵的不是亂揮的無名刀劍，而是大衛，用自己的刀，殺了烏利亞。先知這番直白的話語，是要為了揭露政治統治者最常使用的計謀和脫罪方式。冷酷無情的謀殺，就算是借力完成，仍是謀殺。雖然大衛是藉著權力鏈來行使暴力，但是殺了烏利亞本人的就是大衛，還借了亞捫人的刀。拿單的話就是這個意思。要揭發政治暴力中的隱瞞和脫鉤，就需要順著權力鏈，找回權力源頭，找到發號施令，卻又無恥地想要脫罪的人。

遭到拿單責備之後，大衛真心悔改道歉——從這點又可清楚看出，大衛當初真的是想要脫罪。大衛願意悔改認罪，代表當初大衛的政治權勢壓過了他身為人類應有的道德感。拿單說了一個故事給大衛聽：有個富人自己家裡有很多牛羊，卻不願意給人，反倒要窮人獻出他唯一的小羊羔獻給旅人。大衛聽了這則寓言，真心惱怒這名富人。從這裡隱約可以看出，大衛是有道德感的，只是被政治野心掩蓋了。大衛對這個富人故事的憤怒回應，是出自他的道德感，從這裡也可看出，大衛完全不覺得自己與這一切有關聯，然而，最後出現了戲劇化的轉折，拿單對大衛說：你就是那人！（撒母耳記下十二章七節）大衛在回應拿單的時候，忽然變回原本充滿道德感的自己，先前他的道德感被統治者的人格掩蓋了，現在他認了自己的罪：大衛對拿單說，我得罪耶和華了。（撒母耳記下十二章十三節）

大衛用一樣的懺悔態度，哀求神拯救他的新生兒。拔示巴產子後，嬰兒馬上生了重病，神大概是要藉著這個方式來懲罰父親犯下的罪行。於是大衛整整七天不吃不喝，也不起身。最後，嬰兒還是死了，臣僕們沒有人敢向王回報這個惡耗。但是當大衛聽聞兒已死的消息，卻回到家中，開始進食，並哀傷地把這件事和自己的命運連在一起：我必往他那裏去，他卻不能回我這裏來。（撒母耳記下十二章廿三節）大衛確實是發自內心覺得難過，稍後我們會再度見證大衛的悲傷（在他兒子押沙龍叛變故事的尾聲）。但在這裡，大衛的悲傷是他想要挽回公眾形象與王權的計謀，因為大衛殺了烏利亞。從這點我們更可以看出，權力對統治者的影響真的非常可怕。若大衛真是一個冷血暴君，試圖要與罪脫鉤的行為，基本上不具太大的道德意義。如果善於心計的大衛想要欺哄大眾，就不需要掩蓋自己的良心。〈撒母耳記〉作者點出這種詭異的權力解離以及權力解離造成的暴力行為，藉此讓讀者得以清楚看見作者對大衛複雜豐富的描繪。大衛不只是君王，也是個有血有肉的人。

〈撒母耳記〉中提到挪伯的祭司、烏利亞這兩宗君王濫用權力殺害無辜之人的故事，由此可見作者對政治暴力的核心理解。作者對這兩次謀殺案的描繪令人印象深刻，兩個事件都是出自君王的命令，但是背景完全不同，作者藉此呈現出政治暴力兩種完全不同的面相，也分別解釋了兩起事件的展開。挪伯祭司屠殺事件探討暴力和偏執之間的關聯，而烏利亞謀殺事件探討的則是暴力與政治究責之間的關聯。

統治者的偏執「無所不在」，統治者因焦慮而下達命令，暴露自己的人格真相，又容易被操弄，然而偏執統治者對陰謀的恐懼，以及對於忠誠的要求會無限延伸，導致濫殺無辜。若統治者能與自己下達的命令脫鉤，就能讓自己和暴力行為無關，外人只能霧裡看花。從統治者出發的殺人計畫，統治者本人認為相當「精確」，但是權力鏈中的其他行為人竄改了他的命令，做了些調整來保護自己。

這兩起事件符合〈撒母耳記〉對掃羅和大衛這兩位政治人物整體的描述。作者技巧性地併陳這兩起殺人案，讓讀者看見兩種對比——兩種統治權力最後都演變成暴力，用來對抗統治者的子民，只是方式不同。掃羅的故事是發生在掃羅最不安、最偏執的時候，而大衛的故事是發生在大衛過度自信，認為王權穩固的時候。〈撒母耳記〉把這兩起事件和不同方式的政治犯罪並列在一起，接著作者又繼續探討政治主權中，人類必須付出的隱藏代價。

如同前述，烏利亞謀殺事件常被視作大衛命運和政治方向的轉捩點。當年先知撒母耳斥責掃羅時，是充滿了情緒、且站在道德的高處；不同於撒母耳之於掃羅，先知拿單從來沒有對大衛擁有類似的情緒、道德決定性影響。拿單提到大衛的命運時，僅這樣說：你既藐視我，娶了赫人烏利亞的妻子為妻，故此刀劍必永不離開你的家。（撒母耳記下十二章十節）在讀者看來，大衛冷血謀殺烏利亞，比起掃羅當年沒有聽神命令把亞瑪力族人全部消滅的事件，應該是大衛更值得受到譴責。但在〈撒母耳記〉的結尾，並沒有表現出這種犯罪程度的階級差異。〈撒母耳記〉的結尾反而提到大衛達成了掃羅無法完成的成就，也就是成功把王位繼承給兒子。故事有了快樂的結局，但這個快樂結局，更凸顯了拿單對於烏利亞謀殺事件的不祥預言：大衛家將要承受可怕的苦難。我們自然會把這些苦難解讀成神對大衛的懲罰。但是大衛故事的下一個階段很有意思，不是因為拿單的不祥預言成真了，而是大衛的犯罪架構接下來的自然發展。拿單的不祥預言：「刀劍必永不離開你的家」，不但反映出大衛試圖想要與烏利亞之死脫罪，也很諷刺，因為大衛當初告訴使者，刀劍不長眼。大衛口中的不長眼刀劍，最後會吞噬大衛自家[23]。〈撒母耳記〉作者描述，刀劍可以無情、無差別地吞噬掌權者，我們知道這位作者對權力政治有著非常卓越的洞見，作者也將會深入探討朝代延續核心的緊張結構與矛盾。本書下一章就要來討論這個主題。

第三章 失去政權：性、復仇與稱王

政權最討厭遇到權力真空。政權需要延續，所以，當統治者過世後，就必須想辦法迅速、無縫地延續政治秩序，把政權轉移至繼承者。政權一但出現裂縫或空隙，就算這段空間是為了檢討、改善政治架構，也會出現問題，沒有一個政體有辦法在這種艱難的情況下保持政權完整。現任統治者過世時，就是政權最脆弱之時，外侮內亂都很容易出現。

血脈相承的朝代制度可以讓政權順利延續，這點非常重要，但也必須付出麻煩的代價。世襲制度之下，只有君王的血脈可以繼承王位，其他有統治能力的人，被剝奪了做王的機會。王位繼承人的繼承權靠的完全是遺傳的機運，所以時不時會造成政治體制悲慘的後果。另一方面，改朝換代雖然可以擴大候選人的範圍，但是這也可能會導致可怕的暴力。好的情況是肅清前朝，壞的情況是爆發浴血內戰。

〈撒母耳記〉作者寫下了掃羅王室至大衛王室朝代更替的痛苦故事，接下來便開始描寫朝代之內（或同一個世代內）政權轉移的殘酷政治事件。作者在寫下這些篇章的時候，揭露了朝代結構的內在緊張與矛盾，這種痛苦遠超過了不適任的王位繼承人只因為血緣關係而登基。

掃羅的朝代還未能找到家族中的血脈繼承人，就提早被終結。掃羅的三個兒子，包括能力出眾的約拿單，都在掃羅與非利士人的最後一戰當中陣亡。唯一剩下的就是軟弱無用的魁儡王伊施波設，但他也在睡覺時遭人暗殺。所以，只有大衛譜系可以延續以色列的朝代。大衛的朝代延續了數百年，直到猶大國被滅，以色列人被擄至巴比倫（按，西元前五八六年）。但是，如同前述，〈撒母耳記〉作者讓讀者清楚從政治的起源看見政治中最嚴肅、最關鍵的問題。故事在大衛第一次轉移政權時（把王位轉移給他的兒子），就已經揭露了朝代政治延續必須付出的慘痛代價。歷史常見的王位世襲轉移總是陣痛，會帶來痛苦與毀滅，〈撒母耳記〉中，政權的中斷可見於兩個相連的故事中——他瑪遭強暴以及押沙龍的叛變。

作者在描述完烏利亞謀殺事件後，大衛的兒子（包括最有可能繼承王位的那幾位），就成了故事的主角。作者說：「此後發生了一件事」（撒母耳記下十三章一節），代表作者除了依照時序描述之外，大衛的罪行與家人間凶暴的自相殘殺也有很大的關聯。表面看來，他瑪遭強暴與押沙龍叛變，都是先知拿單惡毒預言的應驗，是對大衛的懲罰，因為拿單說，大衛在新生兒死後，家裡會發生凶事。但若仔細閱讀文本，就會發現這兩個故事還揭露了更深一層的內在意涵，彼此間也有關聯。我們知道，大衛受到的懲罰，堪比大衛殺害烏利亞的事件。更甚者，大衛一家充斥著死亡與暴力，不論這些事件究竟是否來自神的懲罰，從人類的角度來看，這也是朝代世襲制度內建的自我毀滅機制[1]。經文中，他瑪強暴事件是這樣展開的：

此後發生了一件事：大衛的兒子押沙龍有一個美麗的妹妹，名叫他瑪；大衛的兒子暗嫩愛上了她。暗嫩為他妹妹他瑪憂急成病；因為他瑪還是處女，暗

嫩眼看難以向她行事。（撒母耳記下十三章一至二節）

暗嫩是大衛妻子耶斯列（Jezreel）人亞希暖（Ahinoam）的兒子，是大衛的長子，所以暗嫩打出生就是王位繼承人第一順位。王位繼承主要依照出生順序，所以第二順位是亞比該（Abgail）的兒子基利押（Ghileab），再來是大衛和基述（Geshur）王女兒結婚生的兒子押沙龍，可以看出押沙龍是王室間的政治聯姻生下的兒子，目的是鞏固勢力。他瑪是押沙龍的妹妹，容貌美麗，他瑪是暗嫩同父（大衛）的妹妹，也就是暗嫩的「半個」妹妹，是押沙龍同父同母的妹妹。

經節中雖未直接寫出大衛兒子的出生順序，但前面的經節已提到大衛的妻兒細節，這些細節就成了接下來的故事的背景[2]。暗嫩是大衛的長子，理所當然認為自己是未來的以色列王，從小也就有君王的驕傲自滿。押沙龍離王位不遠，因為他是第三順位，自然會出現競爭心態和嫉妒之心。押沙龍距離王位只有兩步之遙，第一步是他同父異母的哥哥，以色列王第一順位繼位者：暗嫩

[3]。〈撒母耳記〉作者為了強調手足之間的三角關係，未用「大衛的女兒」來形容他瑪，他瑪確實是大衛的女兒，但作者稱她為押沙龍的妹妹。他瑪處境尷尬，一邊是垂涎她美色，同父異母的哥哥王儲暗嫩，另一邊是極度保護妹妹，同父同母、好勝心強的哥哥押沙龍，押沙龍是王位繼承人的第三順位。

性慾高漲又握有政治實權的人，就會做出狂妄的事情。大衛與拔示巴的故事中早可看出。烏利亞的命運也是這樣造成的。無法控制情慾的君王或是王儲只要揮一揮手，就可以剷除自己與慾望之間的障礙物。與大衛的事件相比，暗嫩的情慾有個更可怕、麻煩的障礙：文化上禁止近親相姦，何況是處女[4]。大衛成功掩蓋了自己在情慾上的過犯，因為拔示巴不是大衛的血親，也不是處女。若他瑪並非處女，暗嫩要得逞就容易多了，暗嫩就可以對她下手，不會造成難以修復的後果。但他瑪仍是童身，所以暗嫩又多了一層障礙，要突破這個障礙，會造成可怕的結果。他瑪是公主。守護他瑪童貞的可不是烏利亞這類的下層官員，而是他瑪的父親：以色列王，以及他瑪的哥哥：以色列王子。

故事的開場是這樣：暗嫩喪心病狂地想要得到他瑪的肉體，心裡又覺得要得到同父異母的妹妹完全不可能。暗嫩的朋友／顧問約拿達（Jonadab）替暗嫩出了一個看似不錯的主意，但這種做法只能用一次，需要審慎規畫，而且也不能根除上述的最深層障礙：

暗嫩有一個朋友，名叫約拿達，是大衛哥哥示米亞（Shimeah）的兒子。這約拿達為人極其狡猾；他問暗嫩說，王的兒子阿，你為何一天比一天瘦弱呢？你不能告訴我麼？暗嫩對他說，我愛上了我兄弟押沙龍的妹妹他瑪。約拿達說，你躺在床上裝病；你父親來看你，就對他說，請叫我妹妹他瑪來，把食物遞給我喫；叫她在我眼前豫備食物，使我看見，好從她手裏接過來喫。（撒母耳記下十三章三至五節）

約拿達是大衛哥哥的兒子，所以和暗嫩是表兄弟。這個種血緣關係非同小可。表兄弟是王室成員第二圈，住的地方非常靠近權力中心。暗嫩和約拿達走得很近，但是王室成員的表兄弟其實並沒有實權，只有與君王本人有直系血緣關係的兒子才能繼承王位，表兄弟要繼承王位是難上加難。表兄弟跟王室朝夕相處，清楚知道自己不可能握有王權，所以不一定有競爭心態，卻可能引發仇恨。

仇恨帶有嫉妒的成分，但是這種仇恨很難真正引發報復行為。帶有恨意的人清楚知道自己永遠不可能擁有眼中釘不費吹灰之力就得來的一切。他頂多只能自怨自艾，對自己說：「憑什麼他可以，我不行？」或是「他哪裡比我好？」君王兒子的表兄弟與王位繼承人走得很近，住得也離宮殿不遠，但卻不可能成為權力繼承人，所以自然會默默產生仇恨與怨念。約拿達非常了解可能成為以色列王的暗嫩，根據過往的個人經驗，他也知道這些王位繼承人其實根本不比他優秀。所以，若是心有怨念的人剛好像約拿達這樣精明又「狡猾」，知道貪戀權力無用，但是可以玩弄自己好欺哄的表兄弟，藉此作亂[5]，想辦法讓暗嫩自我走向毀滅。

從約拿達給表兄弟暗嫩的鬼點子可以看出，約拿達心裡滿是詭計。讀者很快就會看出，約拿達只是暗嫩的熟人，不是朋友、也不是隊友。約拿達先是注意到暗嫩的單戀，讓暗嫩自承內心深處的想法，再告訴暗嫩，王位繼承人不該這樣自怨自艾[6]，王儲不該臉色蒼白、唉聲嘆氣，反倒該散發有權有勢的人該有的光環。當暗嫩承認自己對某人情有獨鍾、痛苦難熬時，照理王子的朋友應該要關心王子的心理狀態，說些話試著幫助他走出來，例如：「這樣太危險了，你會犯下大罪，這種慾望會遭致毀滅，也會讓你自毀前程，你會遭到復仇，這樣你未來的王權就會不保，忘了她吧。」或是把王子的慾望轉移至王室內比較無足輕重的女性身上，好比僕人或表親。但約拿達是個壞朋友，他這種角色我們在書中也看多了，他們政治地位不高，想要暗中操弄六神無主的在上位者。約拿達立刻想出了一個計畫，不但要讓他瑪和暗嫩暗中同床，更打算進一步煽動暗嫩亂倫的心。約拿達一定知道自己對付表兄弟的計畫會導致暗嫩和押沙龍之間的衝突——依照長老宗族制度，押沙龍必須守護妹妹神聖不可侵犯的童貞。預料中的災難果真發生了，假設約拿達此舉的動機真是個人仇恨，這下他的詭計就得逞了。雖然約拿達一輩子無法享受至高無上的王權，但他成功使得王位繼承人之間彼此失和[7]。暗嫩已經失心瘋，又認為自己就是王位繼承人，於是便盲目聽從了表親惡意的建議：

於是暗嫩躺臥裝病。王來看他，他對王說，請叫我妹妹他瑪來，在我眼前作兩個餅，我好從她手裏接過來喫。大衛就打發人到宮裏，對他瑪說，你往你哥哥暗嫩的屋裏去，為他豫備食物。（撒母耳記下十三章六至七節）

裝病請同父異母的妹妹來照顧，看似合理，而且王子身體不舒服，應該沒辦法性侵妹妹。大衛答應了暗嫩的要求，但從故事的希伯來原文可見到，暗嫩又修改了約拿達建議他說的話。暗嫩說要從他瑪手中接過餅來吃，這句話其實帶有性暗示。約拿達建議暗嫩請妹妹來照顧他，替他帶上食物時，約拿達用的是希伯來文中一般指「麵包」的詞（bread，恢復本《聖經》英文版譯為food，恢復本中文版譯為食物），但是暗嫩把用詞換了，特別指名自己希望他瑪替他送上的食物是「愛心形狀的餅」（heart-shaped dumplings，恢復本《聖經》英文版譯為 cakes，恢復本中文版譯為餅），特別暗示了「心」。希伯來原文使用動詞lelabev來描述「製作心形麵團」，如果把這個詞只譯成「作」（to shape），就少了原文蘊含的情色意味。指涉心形麵團的動詞lev，本身就有「心」的意思。若把這個動詞放在其他脈絡中，明顯有情愛的意涵，意為：「我為你癡狂」[8]。暗嫩在向父親提出請求的時候，似乎已藏不住愛意，表達出了禁忌的情感，這種情感照理應該要藏在心裡，讓這個照顧的請求看起來更單純。大衛希望兒子早日康復，竟也沒聽出這個用詞的弦外之音[9]。

大衛愚蠢到在這個情慾糾葛中，替自己的女兒設下被強暴的網羅，讓人聯想到大衛先前對烏利亞犯下的可怕罪行。暗嫩計畫強暴大衛的女兒，大衛卻成了共犯，因為他打發（派遣）他瑪到哥哥家中，替哥哥預備食物。大衛在計畫謀殺烏利亞時，「打發」這個動詞也很常出現。烏利亞事件的敘事中使用「打發」一詞，代表君王有權可以建立一條權力關係鏈，若有必要，也可以讓自己從暴力行為中順利脫身。這下大衛答應暗嫩的請求，也使用了「打發」一詞。但是這次，大衛「打發他人辦事」的權力，卻成了他人密謀不軌的工具。大衛替暗嫩建立的權力關係鏈，並非出自大衛王本人的計畫，卻引發了手足間的系列連鎖效應，最後導致大衛王室殞落。這段故事把王室至高無上的權力描繪成舉旗不定的矛盾情結，明知會造成政治危險，卻又控制不了性衝動。接著文中進一步把這種權力描繪成容易被操弄的工具，君王或王子通常看不透或根本不會懷疑他人的動機。大衛過去用他的王權來剷除妨礙他的無辜人民，但是現在，大衛的王權卻被別人利用了，這齣事件根本不是大衛的意思，最後卻吞噬了大衛一家。

他瑪乖乖聽了父親的話：

他瑪就到她哥哥暗嫩的屋裏；暗嫩正躺臥。他瑪把麵拿來摶好，在他眼前作餅，且烤熟了。她把鍋拿來，在他面前將餅從鍋裏倒出來，他卻不肯喫，說，叫眾人離開我出去罷！眾人就都離開他，出去了。暗嫩對他瑪說，你把食物拿進內室，我好從你手裏接過來喫。他瑪就把所作的餅拿來，送到內室她哥哥暗嫩那裏，拿著餅上前給他喫，他便拉住他瑪，說，我妹妹，你來與我同寢。他瑪說，我哥哥，不可這樣，不要玷辱我。以色列中不當這樣行，你不要作這愚妄的事。你玷辱了我，我要將我的羞恥帶往那裏去呢？至於你，你在以色列中也必成了愚妄人。現在請你向王題說，他必不禁止我歸你。但暗嫩不肯聽她的話，因比她力大，就玷辱她，與她同寢。（撒母耳記下十三章八至十三節）

聖經中的強暴事件多發生在荒郊野外，被害者通常身處距離家族男性保護者很遠的地方，沒有能力自衛，叫天不應、叫地不靈[10]。但是他瑪強暴事件卻反了過來：就發生在自家權力中心。暗嫩在王室內，自己的房間中，侵犯了他瑪。這個裝病的王儲躺臥在床，假裝無助，需要妹妹的照顧，而暗嫩的背後有個言聽計從的臣僕。暗嫩下令要所有人離開房間，僕人們無一不敢違背王室繼承人的命令，哪怕大家心裡都已經猜到暗嫩心裡的詭計。他瑪打算拖延時間，所以建議同父異母的哥哥暗嫩不必急著與她同房，最後還是可以擁有她（其實當時根本禁止表親聯姻）。但是暗嫩不顧他瑪的請求，強暴了她。暗嫩對他瑪情有獨鍾，又覺得自己本來就有權有勢，還有部屬助紂為虐，於是犯了罪。從接下來的發展中可以看出，手握政治大權的人，可以無情恣意地對待被害者：

隨後，暗嫩極其恨她，那恨她的恨比先前愛她的愛更甚。暗嫩對她說，你起來，去罷。他瑪對他說，不要這樣，你趕我出去，這惡比你先前對我所行的更大。但暗嫩不肯聽她的話，就叫伺候自己的僮僕來，說，將這個女子從我這裏趕出去，隨後就關門上閂。那時他瑪穿著長袖衣服，因為沒有出嫁的公主都是穿這樣的外袍。暗嫩的僕人就把她領出去，隨後關門上閂。他瑪把灰撒在頭上，撕裂所穿的長袖衣服，以手抱頭，一面行走，一面哭喊。（撒母耳記下十三章十七至廿節；恢復本中譯為十五至廿節）

〈撒母耳記〉作者記錄暗嫩強暴他瑪之後態度大變，從這個事件可以看出暴力一個非常關鍵的心理面向。暗嫩對他瑪原本熱情如火，後來卻翻臉厭惡他瑪，這種行為其實源自侵略者處理被害者的病態方式。**侵犯者開始恨惡自己先前愛慕的對象，是因為受害者現在成了活生生的人證，不斷提醒侵犯者自己犯**

下的罪行。侵略者不認罪，也不願意為了自己犯下的錯誤賠償受害者，所以侵略者的罪惡感就有可能轉變成外顯的仇恨。暗嫩心裡壓抑著的罪惡感轉化成為恨，所以下令要僕人把他瑪趕出去。這段故事中，門上門的聲音如此清晰，彷彿就在我們的耳邊。

在以色列父權社會中，遭強暴的女性會被流放，不得繁衍後代。女性被玷污後，沒有人會娶她。所以，依照《聖經》中的法律，強暴犯需要娶被強暴的女子為妻[11]。他瑪寧願嫁給侵犯她的暗嫩，也不願意下半輩子活在羞辱、孤獨之中，所以她再一次求暗嫩留下她。但是暗嫩甚至不是親自把遭強暴的妹妹趕出房間，而是使用他的權力，叫他的僕人趕走他瑪，由此可見暗嫩的無情和高傲，非要他瑪滾蛋不可。〈撒母耳記〉作者描述暗嫩下令要他瑪離開時，說了：「將這個女子……趕出去」，該處希伯來原文指稱「女子」用的是zot一詞，意為「生物」，尖銳描繪了被害者被始亂終棄的場景[12]。王儲暗嫩自己不需離開犯罪現場，無需躲藏；受害者他瑪卻遭狠心拋棄、趕走，感到絕望、難過。他瑪並未向父親大衛尋求助，畢竟當初就是大衛在不知情的情況下送他瑪於危險之中，她找上了哥哥押沙龍求援：

她胞兄押沙龍問她說，莫非你哥哥暗嫩與你親近了麼？我妹妹，暫且不要作聲，他是你的哥哥，不要將這事放在心上。他瑪就孤孤單單的住在她胞兄押沙龍家裏。大衛王聽見這一切事，就甚發怒。押沙龍並不和他哥哥暗嫩說好說歹；因為暗嫩玷辱他妹妹他瑪，所以押沙龍恨惡他。（撒母耳記下十三章廿至廿二節）

押沙龍按理是妹妹童貞的守護者。但除此之外，押沙龍也是王位競爭人。押沙龍打算放長線釣大魚，先安撫妹妹的悲憤，藉此讓暗嫩以為自己的罪行不會受到懲罰。押沙龍耐心等待，到了暗嫩錯信自己不會有事，卸下心防之後，再伺機出手攻擊暗嫩。

只要機會一到，押沙龍就會立刻替妹妹復仇。但是還有一件事情更重要，就是押沙龍要利用約拿達替暗嫩精心計畫的亂倫事件，來剷除繼承順位在他前面的哥哥——押沙龍若要作王，最麻煩的阻礙就只有暗嫩。這個計畫要成功，他瑪就必須隱居在押沙龍家中，獨自一人、悶不吭聲。這又是一個手段和目的在權力政治之下本末倒置的例子。從《聖經》道德觀來看，復仇完全是道德義務。然而，這個事件中的復仇義務也被當成了工具[13]。我們並非要否認押沙龍動機不純，他的動機不管是外人來看，或是押沙龍本人，都難以理解。押沙龍對暗嫩的恨顯然是深切的，而他替妹妹被強暴的事報仇，也應該是真心的。但是替血親復仇也可以是藉口，而且是社會能夠接受的藉口，可以用來把最純的政治野心包裝在無私的榮譽之中。

書中告訴讀者，大衛知道了長子／王位繼承人暗嫩強暴了他瑪，非常生氣。但是大衛王並沒有「勃然大怒」，也沒有出手干預。大衛並未懲罰暗嫩。大衛甚至沒有責罵暗嫩。《死海古卷》和《七十士譯本》等較早期的《聖經》譯本中對大衛的不作為，穿插了以下的解釋：「但是大衛並未打擾暗嫩，因為大衛喜愛暗嫩，暗嫩是大衛的長子[14]。」這種事後詮釋，讓我們看見朝代體制內含的一個關鍵問題，就是政治權力要得以延續，男性後代是關鍵。君王行使強大的權力來懲治罪犯，但是若管教對象是自己的兒子，就會出現例外。君王的兒子能繼承王位、延續朝代，君王也自然會出現父愛，這種父愛會影響君王的決心和判斷能力。君王的兒子自傲自滿、地位崇高，要使用暴力很容易，而且還可能有豁免權，因為父親會饒恕兒子，他們就可以隨心所欲。

發號施令的權力再加上父愛的寬容，很可能造成可怕嚴重的後果。對於大衛未能懲罰女兒的強暴者，有另外一種解讀方式：大衛的不作為，可能不是出自他內心對王位繼承人的溺愛，也不是想要掩蓋家族醜聞這種政治因素，而是因為**大衛已經道德淪喪了。大衛謀殺烏利亞，又娶了拔示巴為妻，犯下兩項罪行，這事可能已經在王室內部傳開，大衛根本沒有任何立場可以約束別人的道德，也無法懲罰兒子犯下的強暴罪**。大衛道德表率的形象不保，這都是他自己造的孽。這起事件後大衛家出現敗壞的氛圍，也是因為大衛自己設立了壞榜樣，是大衛活該。大衛身為父親，自己卻道德淪喪，掩蓋自己的姦淫和謀殺罪，所以沒有立場做些什麼。這個記載中，事件的關聯性、心理層面的問題，以及作者深入的探討，讓我們看見大衛的罪行和他的懲罰間的內在關聯，這樣解讀〈撒母耳記〉作者的觀點，似乎最為合理。

大衛的弱點在於他與他兒子之間的親子關係，這點對大衛家的毀滅，是很重要的關鍵：

> 過了二年，在靠近以法蓮（Ephraim）的巴力夏瑣（Baal-hazor），有人為押沙龍剪羊毛；押沙龍請王的眾子與他同去。押沙龍來見王，說，現在有人為僕人剪羊毛，請王和王的臣僕與僕人同去。王對押沙龍說，不必，我兒，我們不必都去，免得你負擔太重。押沙龍懇切請王，王仍是不肯去，只是為他祝福。押沙龍說，王若不去，請讓我哥哥暗嫩與我們同去。王說，何必要他與你同去呢？押沙龍懇切求王，王就派暗嫩和王的眾子與他同去。押沙龍吩咐僕人說，你們注意，看暗嫩飲酒，心裏高興的時候，我對你們說，殺暗嫩，你們便殺他，不要懼怕。這不是我吩咐你們的麼？你們只管剛強奮勇。押沙龍的僕人就照押沙龍所吩咐的，向暗嫩行了。王的眾子都起來，各人騎上騾子，逃跑了。（撒母耳記下十三章廿三至廿九節）

如同他瑪強暴事件，大衛的政治權力又再一次地被操弄、利用，這次是大衛的兒子計畫殺害手足。大衛本人利用別人從不手軟，不過這次他自己卻成了家族邁向滅亡的工具。押沙龍猜想大衛本人不會想參加剪羊毛的活動，他盤算：大衛王說不想參加之後，那麼押沙龍請求大衛允許他把哥哥暗嫩帶離開安全的王室，就容易多了[15]。該段經文特別強調大衛並不是毫不知情地把暗嫩交給押沙龍，讓押沙龍的謀殺計畫有機會成功，使大衛成為共犯。文中提到，押沙龍要暗嫩離開王室，與他一同去剪羊毛時，大衛覺得有點可疑，問道：「何必要他與你同去呢？」但最終還是答應了押沙龍的請求[16]。

〈撒母耳記〉文本中，他瑪強暴事件和暗嫩謀殺事件，大衛都是共犯，兩起事件的關鍵字都是一樣的，還是動詞「打發」（恢復本於暗嫩謀殺事件中，將該詞譯為「派」）。文中提到大衛「派」暗嫩與他（押沙龍）同去」（撒母耳記下十三章廿七節），如同大衛當初「打發」人對他瑪說，你往你哥哥的屋裏去」（撒母耳記下十三章七節）這裡提到的動作：「打發」和「派」，呼應了先前大衛使用政治權力，遠端謀殺烏利亞的事件，相當諷刺。但是這次，大衛王「派」人的政治權力並非用來滿足大衛的私心，而是被兒子利用來對付自己的家族。

強暴已是兩年前的事了，押沙龍也成功哄騙暗嫩，讓暗嫩感覺不出異狀，傻傻地自投羅網。大衛「派」暗嫩，暗嫩就去。果不其然，暗嫩被押沙龍的手下殺了。王室中，所有競爭王位的王子身邊都有一群忠心耿耿的親信和下屬，隨時準備好要護衛主人的權益，替主人完成計畫。暗嫩的僕人聽令於暗嫩，在暗嫩強暴他瑪後，把他瑪趕出暗嫩房間，將她鎖在外面。押沙龍的手下遵從押沙龍的命令，無情地殺了暗嫩，犯下了大膽駭人的政治罪行：殺了君王的長子，因為押沙龍聲稱會用自己的權力保護他們。押沙龍叫他們不要擔心：這不是我吩咐你們的麼？你們只管剛強奮勇。（撒母耳記下十三章廿九節，恢復本中譯為廿八節）。

王室權力可以把下屬連成一條權力鏈，這樣教唆犯罪者就可以在背後策劃暴力。大衛謀殺烏利亞的事件中就是使用這種手法，他瑪強暴事件和暗嫩謀殺事件中，這種手法也屢見不鮮。大衛打發人的政治權力被用來對抗自己的家族，大衛的兒子也有權發號施令，藉此設計、攻擊自己的手足。這些故事在在顯示權力鏈的運作模式。

先知拿單對於大衛家會遭到報應的預言非常精準、簡潔，但這不只是血報血仇的問題而已。前面一直在討論的報復模式，其實記錄了權力的內在結構，這種內在結構，在大衛的罪行和他遭受的報應中，扮演著很關鍵的角色。大衛造成別人的痛苦，自己也承受痛苦，他是一系列暴力事件的始作俑者。雖然烏利亞謀殺事件的結果如大衛預期，後果也是大衛想要的，但是他瑪和暗嫩的事件就不如預期了，甚至還帶來毀滅。

敘事的最後一個段落替這個故事做了總結。可能懷有忌妒心而陷害暗嫩的表哥約拿達又出現了，這次，約拿達成了安慰的角色：

> 他們還在路上，有風聲傳到大衛那裏，說，押沙龍將王的眾子都擊殺了，沒有留下一個。王就起來，撕裂自己的衣服，躺在地上；王的臣僕也都撕裂衣

服，站在旁邊。大衛哥哥示米亞的兒子約拿達回應說，我主，不要以為他們把王的眾子少年人都殺了，其實只有暗嫩一個人死了。自從暗嫩玷辱押沙龍妹妹他瑪的那日，押沙龍就定意殺暗嫩了。現在，我主我王，不要把這事放在心上，以為王的眾子都死了；其實只有暗嫩一個人死了。押沙龍逃跑了。守望的少年人舉目觀看，見有許多人從後面山邊的路而來。約拿達對王說，看哪，王的眾子都來了，果然與你僕人所說的相合。話纔說完，王的眾子都到了，放聲大哭。王和眾臣僕也都哭得甚慟。（撒母耳記下十三章卅至卅六節）

八卦跑的速度，比逃命的人還快。大衛的眾子還沒逃回耶路撒冷，大衛就已經聽說兒子都死了。但是這時，約拿達又閃電現身，短暫成為故事的主角，他向大衛王保證，死的只有暗嫩，這是押沙龍兩年來暗中的計畫，要替妹妹被強暴一事報仇，約拿達安撫大衛，要大衛不要亂想。文中完全沒有解釋約拿達怎麼知道押沙龍密謀殺害王室胞兄，也沒有提到為什麼約拿達在這兩年的時間中，為何什麼都沒有說。我們只能推測，約拿達發現押沙龍只殺了暗嫩，是因為約拿達自己或多或少也是這件事的推手。約拿達鼓勵暗嫩採取行動，又計畫把他瑪帶到暗嫩家中，成功煽動暗嫩的情慾以及暗嫩的權力。約拿達心裡明白，這樣一來，押沙龍和暗嫩之間就會出現致命的衝突。暗嫩引他瑪入室是約拿達的計謀，大衛還因此成了共犯，這些讀者都看得一清二楚，只有大衛本人毫不知情。大衛完全不知約拿達就是這一連串暴力的開端，約拿達如此確定死的只有暗嫩，在大衛看來就是姪子才智過人，善於觀察權力政治中展開的模式。大衛的眾子快抵達耶路撒冷時，約拿達對大衛王說：「果然與你僕人所說的相合。」這個精明（背後卻充滿嫉妒）的表哥（或表弟）引發、主導了這場災難，但他本人卻毫髮無傷。而且現在在大衛王的眼中，他更是個聰明、忠誠的安慰者。弱勢、嫉妒的人的手段通常都是欺哄詐騙。這些人只能暗地裡胡作非為[17]。約拿達事件中，約拿達暗中操弄不只是為了毀滅他人，更是為了提升自己在王室的聲譽與地位。

〈撒母耳記〉的作者一再於文本中強調掌權者會利用他人來達成自己的目標，並斬斷自己與事件的關聯。作者描繪約拿達在強暴他瑪與殺害暗嫩中扮演的角色時，就像是用鏡子反射出這種現象的真實樣貌。王室中相對弱勢的成員對權力本身比較沒有興趣，反而希望可以逮到機會來扭轉統治者的作為，藉由欺哄瞞騙、含沙射影來控制君王的行為。有時精明詭詐的臣僕（例如約拿達），會把掌權者的權力用來操弄掌權者[18]。心懷不軌的人會私下提供難以查證的機密。王室顧問動機不明，所以王室（政治權力的中心）政治中，充斥著各種叛國的密報。從更廣義的角度來看，**大權就像個大磁鐵，會吸引欺騙和操弄的行為。這也是為什麼權力常常會扭曲掌權者的判斷能力**。政治權力越大，能看清的事理通常就越少，政權會招蜂引蝶，想要利用政治權力來達成自己目的的人會提供錯誤訊息或是選擇性地提供情報。智囊團私下在掌權者耳邊悄悄提供的珍貴資訊，很難判斷真實性與可信度，掌權者被搞得團團轉，難下決定，又讓掌權者更加孤立無援。

從該章的最後幾節，我們知道押沙龍逃到了位在基述的外公家，離耶路撒冷非常遙遠。押沙龍逃離大衛王室，在另一個政權管轄範圍找到庇護。大衛痛失長子，大衛的長子強暴了自己的妹妹，又被自己的弟弟殺害。年邁的大衛對逃亡在外、殺害手足的兒子感到憤怒，但同時也很想念他。

更慘的還在後頭。從截至目前發生的事件來看，烏利亞謀殺事件顯然是大衛一生的分水嶺。大衛在犯罪之前，權力處於顛峰，勝利接踵而來。接下來，原本安全無虞又充滿魅力的大衛王便開始走下坡，原本積極主動的大衛變得消極被動，最後還成了自己和家族滅亡的幫兇。

大衛的興衰是齣高潮迭起的故事，〈撒母耳記〉對大衛故事的描述也是文學典範，影響了就許多優秀的文學。古今的讀者在讀到〈撒母耳記〉作者高超的敘事後，都會發現文中有許多複雜的敘事技巧、寫作架構，甚至影射《聖經》它處的謀殺與強暴事件[19]。但是〈撒母耳記〉除了高超的文學品質，他瑪強暴事件還探索了結構性的政治議題，談到朝代繼承是延續政權的方式，以及，更廣義地來說，談到權力政治和家庭生活之間的互動關係。朝代延續最致命的問題就是，家族中的第二代男性是權力繼承人，每一位都有登基的可能，所以很容易引發彼此競爭的心理，每人都覺得自己應該做王，這種心態非常危險。王室家族其實也包括第二圈的親戚，例如表親，表親居住的地方離權力中心非常近，但是卻又無法取得實權，就很有可能心生恐怖的怨念。在這種動蕩不安的環境中，中心角色就是父親，父親是統治者，握有王權，可以管教、限制臣僕，但是父親對自己的兒子和後嗣卻容易因私心而產生偏袒。君王的管教權又可能更進一步，因為自己的過犯在親人之間傳了開來，導致君王在道德上失去了管教立場。用血脈繼承來延續政體的方式非常危險，因為體系中不僅有王室成員，更要顧及大眾、國家，角色之間的關係非常緊張，而且這種體系也很矛盾。他瑪強暴事件後的故事發展，可見到押沙龍的叛變，更深入地展現了一個家庭，或是朝代世襲制的王室，如何邁向自我毀滅。

II

押沙龍的叛變是〈撒母耳記〉當中篇幅最長的故事。作者筆下有許多細節描繪、複雜結構、多重角色和支線故事，檢視權力與愛的運作之間根深蒂固的衝突。

在〈撒母耳記〉下十四至十九節，努力取得、鞏固政治權力的代價來到了悲慘的巔峰。押沙龍背叛大衛的故事中，照理大衛一家人應該同心協力，在現任統治者駕崩之後，讓政權順利轉移，但這一家人卻使以色列國家陷入了內戰。〈撒母耳記〉作者洋洋灑灑地用了六章來描繪這齣看似戀母情結的故事，以及朝代世襲制度內在邏輯之間的關係。故事的開端是押沙龍從基述回到耶路撒冷，先前押沙龍在殺害暗嫩之後，逃到了基述。

押沙龍回到耶路撒冷是約押的安排，約押一直以來都是大衛忠心耿耿的僕人。大衛的親信中，約押是頭腦最清楚，最能看出現實政治趨勢的人。約押一定是仔細思考過後，認為押沙龍如果離開王室太久，對大衛會是個麻煩。必須把押沙龍帶回耶路撒冷，哄哄他，並監視他的行動。否則殺了大衛長子（這個行為很容易被解讀為是在反抗王權）又逃離王室的押沙龍王子，在不受監控的情況下，可能會開始計畫推翻大衛王室，慢慢建立起自己的權力範圍。約押也知道，雖然大衛很想念押沙龍，大衛也不可能叫押沙龍回耶路撒冷，讓殺了王位繼承人的押沙龍重返正常生活。因此，必須用間接的方式來說服大衛把押沙龍叫回來。為了達成這個目的，聰明的約押從提哥亞（Tekoa）村找來一名機智的婦人，提哥亞在耶路撒冷南邊僅幾英里處。約押找來這名婦人是為了軟化大衛王的心，使大衛王願意再度使用王權做出決策，然後拿這個決策加以操弄一下，使得叛逃的押沙龍可以回歸。這個計畫非常好，執行也很順利：

洗魯雅的兒子約押，知道王的心掛念押沙龍，就打發人往提哥亞去，從那裏帶了一個聰明的婦人來，對她說，請你假裝居喪的，穿上喪服，不要用油抹身，要裝作為死者居喪多日的婦人；進去見王，對王如此如此說。於是約押將當說的話教導了婦人。提哥亞婦人進去對王說話；她面伏於地叩拜，說，王阿，求你拯救！王問她說，你有甚麼事？她說，我實在是寡婦，我丈夫死了。你婢女有兩個兒子，一日他們二人在田間爭鬥，沒有人從中排解，這個就把那個打死了。現在全家族的人都起來攻擊你的婢女，說，你將那打死兄弟的交出來，我們好將他處死，償他所打死兄弟的命；即使是承受家業的，我們也要滅絕。這樣，他們要將我剩下的炭火滅盡，不給我丈夫留名留後在地上。（撒母

耳記下十四章一至八節）

約押審慎規畫，要這位聰明的婦人喬裝悲傷，這個故事展現出復仇文化中的兩難。家族成員有義務要替遭害之親人報血仇。家族總動員是保護家族成員最好的方式。復仇文化中，血仇是家族成員要替彼此付出的最高道德義務。但若是親人互弒，好比謀殺兄弟，報仇的道德義務就會反轉整個機制，導致家族滅亡。悲傷的提哥亞婦人演的這齣戲中，家族的道德復仇義務讓婦人進退不得，婦人會被家族拋棄，不留後代，血脈永不得傳承。更甚，假如寡婦唯一剩下的兒子也被殺了，這些看似因道德義務報了仇的親戚，就剛好成了兩個死去兒子的父親的產業繼承人。家族雖基於道德義務報仇，但現在加上物質的誘惑，使這些親人也心懷不軌、別有用心，所以寡婦才請求大衛王的保護，不只是保護她免受嚴苛的公理懲罰，也保護她不要被「假借正義之名而衍生的貪婪」所欺辱。婦人相當聰明，她把親戚報兄弟血仇動機中暗藏的憤世嫉俗包裝過，用這句話表示：「即使是承受家業的，我們也要滅絕」（撒母耳記下十四章七節）[20]。

撕心裂肺的假寡婦唯一的訴苦對象只有大衛王。政治權力一個關鍵、重要的功能，就是限制血仇。情勢緊張但根本不存在的暴力好似即將展開，有人要攻擊、有人要反擊，如果不採取預防措施，就會演變成一場大規模的災難。要阻止沒完沒了的復仇災難，就只能出動擁有至高無上權力的統治者，統治者的權力最大，出手干預並不會受到波及。這就是君王權力來源可以無限上綱的概念。

當一國的官員，法官也好、警察也好，因執行公權力而成為族人復仇的對象，政治主權就會開始崩解。統治者在處理人民之間的暴力報復時，必須要採極權、獨裁的方法，並把這一切化作法律。統治者必須抑制報仇的衝動，把這種報仇行為轉化成法律上的懲罰。如果統治者沒有辦法禁止私刑，在某些情況下允許私下復仇，沒辦法把報仇的行為變成社會接受的法律制裁，那麼至少也應該要設定最基本的底線。

大衛身為統治者，為盡統治者的責任，答應婦人他會處理這事：你回家去罷，我必為你下令。（撒母耳記下十四章八至九節，恢復本中譯為八節）。但是大衛的承諾含糊不清，顯示出大衛在面對以色列社會秩序的血仇核心概念時，在嚴格的復仇文化與傷心欲絕的寡婦之間，不知如何處理，寡婦已經死了一個兒子，現在又有可能失去剩下的獨子。大衛的回應含糊不清，又不肯提出司法程序，提哥亞婦人甚是不滿，於是繼續說下去，向大衛王提出解決方案：

我主我王，願這罪孽歸我和我父家，與王和王的位無干。（撒母耳記下十四章八至十節）

聰明的提哥亞婦人把血仇未報之罪攬在自己身上，解決了大衛的猶豫不決，這下大衛就比較願意照著婦人的提議去做。婦人的意思是，大衛王不應卡在報殺人之仇與延續家族血脈這兩個重要的道德義務之間，無所作為。大衛顯然擔心自己到時會因為血仇未報而有罪。所以婦人才向大衛保證，要大衛無須擔心，婦人願意承擔血仇未報之罪。婦人願意在這方面替大衛說話，這樣一來，大衛看著這名可憐的寡婦，就會願意再度使用王權，保護弱小。再怎麼說，婦人一開始見到大衛王就直接迫切懇求，說：「王阿，求你拯救！」大衛身為君王的自尊不容許自己和這名脆弱聰明的婦人角色調換：王說，對你說這事的，你就帶他到我這裏來，他必不再打擾你。（撒母耳記下十四章十節）大衛王提供了保護，再次展現他的君王地位，但婦人想要聽的並不是這個。婦人想要的是處理困境的確切方法[21]。如果大衛王真要保護婦人，就會需要確保婦人和婦人僅存的愛子的安全，雖然婦人的兒子犯下了殺害手足的罪：婦人說，願王記念耶和華你的神，不許報血仇的人施行殺滅，恐怕他們滅絕我的兒子。（撒母耳記下十四章十一節）大衛王總算給了明確的回應，下了婦人想要聽到的命令：王說，我指著永活的耶和華起誓，你的兒子連一根頭髮也不至落在地上。（撒母耳記下十四章十一節）

天賦異稟的悲劇女主角演了一齣完美的戲碼來說服大衛，背後的編劇是約押，他們成功取得了至高無上的大衛王明確的命令，還有大衛的起誓背書，雖然大衛王一開始並不願意。婦人的演出實在大膽精彩，顯示出一味遵守家族報仇文化會付出慘痛的代價，於是大衛王才下了命令。如果當初只是向王講道理，或是由演技很差的信使來演出，大衛可能就不會下這樣的命令。

我們已經知道以色列的復仇文化，所以也清楚大衛為什麼猶豫不決。家族中出現殺害手足的事件，不一定會造成全家族同仇敵愾殺掉殺人兇手，但是殺人的人很有可能會被趕出家族、流放在外[22]。憂傷婦人向王提出的要求，使王大膽打破先例，改變了復仇的傳統規定。大衛王被婦人的演出說服了，開始重新思考殺害手足之罪應該要用什麼方式處理才最符合社會的需要，大衛王自己可能沒有發現，但也許他內心深處的父愛，促使他改變了這個存在已久的家族血仇文化。

大衛王一旦下達了這個明確的命令，這個命令就也可以套用在他對押沙龍的處置方式上：「王不使他所趕逐的那人回來，王說這話就不免有罪了。」—（撒母耳記下十四章十三節）大衛王下了這項命令，等於是替自己定了罪，因為他本人也報了家族血仇，只是報復程度較輕，僅把押沙龍驅逐境外。這時，大衛開始懷疑這一切是約押的計謀：王說，這一切事莫非是約押一手安排的麼？（撒母耳記下十四章十九節）此時婦人也意識到事態不妙，大衛很可能會因為被騙、被操弄而發怒，婦人連忙承認是約押派她來的，又趕緊稱讚大衛王才智過人、看透一切。大衛遭人設計，下了命令，暴露自己流放押沙龍的過失，於是回頭找約押談話。大衛王認了錯，下令要押沙龍從基述回耶路撒冷。約押知道這時應該要立刻稱謝君王的權柄，約押在王的面前讚美、祝福，面伏於地，接著便立刻前往基述，準備把押沙龍接回耶路撒冷。

我們可以從文中看出，約押的計謀能成功，有一部份原因是大衛很想念他的兒子／後嗣押沙龍，但是這種父親的思念並沒有消滅大衛的怒氣。大衛對這個可能的王位繼承人，還是有著複雜情緒，謀殺事件也沒有真的處理。押沙龍回到耶路撒冷後，大衛命令約押：王說，使他回自己家裏去，不要見我的面。押沙龍就回自己家裏去，沒有見王的面（撒母耳記下十四章廿四節）。作者對王室內的複雜情緒刻畫仔細：押沙龍流放在外，被帶回大衛身邊，但是大衛王怒氣難消，因為押沙龍殺了大衛的長子；大衛生氣可能也還有另一個原因，就是氣自己居然還是非常想念押沙龍。

結果，大衛王跟押沙龍之間的關係反而更加疏遠了。押沙龍短暫被流放至基述，但現在跟父親的關係卻似乎永遠回不去了。押沙龍與王的實體距離變近了，心卻遠了。押沙龍雖然人在王室，卻被禁止與父親見面。這位雄心壯志、耐性不佳的王子，忍耐這樣的疏離可以忍耐多久呢？

押沙龍回歸後，長達兩年都未見到父親的面。在這兩年當中，約押也不願見押沙龍，沒替他向父親求情。最後，押沙龍無計可施，只能用最粗暴的方式來引起約押注意，他把約押的田燒了。押沙龍最後用這種脅迫的方式，終於見到父親的面。但是這件事還是沒有完全和解。父子間的會面不帶感情，文中是這樣描述的：於是約押去見王，將這話奏告王，王便叫押沙龍來。押沙龍來見王，在王面前面伏於地叩拜，王就與押沙龍親嘴（撒母耳記下十四章卅三節）。這個會面是刻意安排的，滿是王室的客套和冰冷的官式程序。大衛和押沙龍這幾年都沒見面，卻未彼此擁抱，也沒掉眼淚，且故事在這裡一直用「王」來指稱「大衛」，顯示出這種儀式性的親吻並不代表父子和解[23]。矛盾依舊，可能還伴隨著一點痛苦。

從現實政治的角度來看，應極力避免權力中心產生裂痕。也許約押就是因為這樣，才想辦法要把押沙龍帶回耶路撒冷。但如果約押不只是希望就近監控押沙龍，而是希望可以修復王室成員的關係，他就錯了。大衛和押沙龍之間的父子摩擦反而越來越大。押沙龍在王室附近被冷凍，怨念越來越深。而現在，押沙龍不只是在王室附近，甚至已經進入了王權的中心位置。

〈撒母耳記〉作者追朔押沙龍背叛父親背後的邏輯，首先，這是朝代世襲制度的特質，加上押沙龍又被權力政治、家人、愛給拋棄了。我們在這裡要先暫停一下，回想〈撒母耳記〉作者截至目前道出了哪些重點。首先，我們知道押沙龍競爭心強、善於算計、膽子很大——所有王位繼承權排序很前面的王子，大概也都有這些特質。押沙龍在妹妹遭強暴之後，什麼都沒說，靜候了兩年，最後埋伏殺害了哥哥暗嫩；暗嫩是位階更高的王室成員，不僅犯了強暴罪，也是押沙龍繼承王位的阻礙。押沙龍現在被父親冷凍了，所以很有理由懷疑父親在選王位繼承人時會跳過他。雖然押沙龍是個不錯的人選，但是當繼承王位的時刻來臨，他擔心父親不願意把權力轉交給自己。最重要的，押沙龍發現了王位繼承人很容易注意到的一件事——父親在面對自己的兒子時，往往很軟弱，無法妥善執行權力。大衛把他瑪交到暗嫩手中，也完全沒有逞罰他長子暗嫩。大衛可能也猜到了押沙龍的計謀，但是仍答應了押沙龍的要求，讓暗嫩掉入致命的陷阱中。

猶豫不決是政治實力不足的表現。然而在這個故事中，由各種複雜情緒所導致的猶豫不決，幾乎是無法避免，因為至高無上的權力完全與單一家室的血脈交織在一起。在這個父系制度中，父親犯了罪，喪失了他道德審判的權力。大衛做不了決定。大衛把押沙龍叫回耶路撒冷，卻又不想見他。押沙龍發現父親優柔寡斷又不主動，好勝心強的押沙龍於是心焦難耐。

故事中寫道，押沙龍非常英俊：

全以色列之中，無人像押沙龍那樣俊美，大得人的稱讚；他從腳底到頭頂毫無瑕疵。他每到年底剪髮一次；因為頭上積髮甚重，他就剪去；他把每次剪下的頭髮稱一稱，按王的法碼重二百舍客勒。（撒母耳記下十四章廿五至廿六

節）

押沙龍的俊美與他的政治魅力密不可分。他的外型讓他得到許多支持。從押沙龍以及當代其他類似例子中我們知道，頭髮很容易讓人自我陶醉，也是令人羨慕的力量來源。押沙龍發現了父親的軟弱，決定要測試父親的底線，慢慢建立起自己的地位：

此後，押沙龍為自己豫備車馬，又豫備五十人在他前頭奔走。押沙龍常常清早起來，站在城門的路旁，凡有爭訟要去求王判斷的，押沙龍就叫他過來，問他說，你是那一城的人？回答說，僕人是以色列某支派的人。押沙龍對他說，看哪，你的事有情有理，無奈王沒有委人聽你伸訴。押沙龍又說，恨不得我被立為這地的士師！凡有爭訟求審判的到我這裏來，我必為他施行公義。若有人近前來要拜押沙龍，押沙龍就伸手拉住他，與他親嘴。以色列人中，凡去見王求判斷的，押沙龍都是如此待他們。這樣，押沙龍竊奪了以色列人的心。

（撒母耳記下十五章一至六節）

押沙龍盜用了王室中的實際王權，但此時大衛王面對兒子的這種舉動，仍舊軟弱無能，並未採取行動阻止押沙龍[24]。押沙龍越來越有自信，最後甚至公開與大衛對抗。君王進行審判、處理人民紛爭時，一定會使某些支持者失望不滿，押沙龍善用了這點。司法和行政權合一的傳統，會導致政權不穩。為了要避免民眾積怨而失去支持者，所以後來的統治者開始把司法權獨立出來，讓法院處理。但現在的以色列君王還同時負有判決和解決民怨的義務。大衛無法將令人不滿的判決責任轉移至他人身上，於是民怨四起。押沙龍比較親民，不像大衛王高高在上、難以親近，押沙龍要請願的人來王室中，告訴他們雖然他們的訴求是對的，大衛王卻不肯聽，如果是押沙龍來當以色列地的執法者，他一定會照著人民的意思做。於是，押沙龍漸漸攏絡了大衛的支持者，把自己塑造成人民的擁護者，不像大衛王，押沙龍會傾聽以色列人的聲音，替以色列人平反冤屈。這樣利用他人的弱點，不需要付出什麼政治代價，能讓心有不滿的請願人動搖，即便他們對空泛的承諾還是抱著懷疑。我們都知道，政治話術和漂亮的承諾其實很吸引人。從這個角度來看，人性在這三千年當中，其實並沒有太大的改變[25]。押沙龍當著父親的面，在城門口擄獲了以色列人的心。叛變的時刻成熟了。

接下來對押沙龍叛變的描述，精確探討了篡位時的景況。在叛變的第一階段，押沙龍請父親允許他到希伯崙，假裝自己想要還他在基述許下的願。押沙龍說，自己當初許願：若能回到耶路撒冷，他就要到希伯崙敬拜神。押沙龍用宗教掩蓋自己的意圖，獲得了父親的准許，於是便在希伯崙自立為王，在當地攏絡了一群支持者。希伯崙離耶路撒冷有段距離，要在希伯崙醞釀叛變比較容易，因為中央會來不及組織動員、出兵討伐。希伯崙也位在猶大支派的權力中心，押沙龍需要先攏絡猶大支派才能繼續下一個階段。大衛當初在希伯崙登基，也是相同原因。押沙龍佯裝自己是要去慶祝、還願，還從耶路撒冷帶走了一群僕人。這群人根本不知道押沙龍心裡的計畫，就這樣來到了希伯崙。於是，這群人離棄了大衛，湧入希伯崙。押沙龍叛變來勢洶洶，兩百名跟著押沙龍來到希伯倫的達官顯貴加入押沙龍的行列，可能單純是因為自己無法抗拒群眾擁戴的魅力。

大衛得知押沙龍準備叛變，還有一大票支持者追隨押沙龍，這時本來消極被動的大衛忽然採取了行動：他立刻決定逃離耶路撒冷，往東到猶大荒地，打算渡過約旦河。大衛知道如果自己留在耶路撒冷，等押沙龍回到耶路撒冷時，他的軍隊就會一面倒向押沙龍，所以他必須先離開耶路撒冷，爭取時間重整兵力。

大衛離開耶路撒冷時心裡非常難過，倉促逃命，跟在身邊忠心的臣僕與戰士寥寥無幾，自己的兒子成了威脅。不過現在大衛又忽然回復了他以前的狀態——不畏難、好鬥、精明機智。大衛再度短暫成為勇敢的遊牧王位捍衛者，不再是那個貪圖享樂、不治無為的君王。大衛帶著六百個人離開耶路撒冷，其中有死忠的戰士、專業的傭兵、效忠大衛的族人，這些人從大衛對抗掃羅時，就一直跟在大衛的身邊[26]，大衛很謹慎，他也在耶路撒冷留了親信做間諜替他扭轉局勢，也可以向他密報押沙龍的計畫。其中一人名叫戶篩（Hushai），他是大衛的親信，大衛不要戶篩跟著他逃命，反而要戶篩回到城內，假裝支持押沙龍，與篡位者底下的親信打好關係。押沙龍需要王權的正當性，也需要父親過去的支持者，應該會把戶篩留在身邊。

大衛要滲透押沙龍親信的主要原因，是為了防範並消滅亞希多弗（Ahitophel）這個人。亞希多弗本是大衛的顧問，後來加入了押沙龍的秘密計畫，亞希多弗經驗豐富，非常詭詐，對大衛來說是個很大的威脅。如果戶篩可以牽制亞希多弗，年輕又血氣方剛的押沙龍就有可能得不到什麼有用的建議，還會犯下致命的錯誤。

大衛離開耶路撒冷時，祭司撒督（Zadok）和利未人（Levites）帶著約櫃，想要加入大衛的行列，大衛拒絕了。也許是因為大衛從過去的經驗中發現，把約櫃當成工具，當成幸運符或是神給的保證，會遭致失敗。為要合理化自己拒絕讓約櫃同去，大衛說了一段感覺很敬虔、謙卑的話：

王對撒督說，你將神的約櫃抬回城去。我若在耶和華眼前蒙恩，祂必使我回來，再見約櫃和祂的居所。倘若祂這樣說，我不喜悅你，看哪，我在這裏，願祂照自己所看為好的待我。（撒母耳記下十五章廿五至廿六節）

大衛現在彷彿忽然體悟到，把不是工具的東西工具化的行為，該停止了[27]。大衛為了求生，把自己個人的命運完全交在神的手裡。大衛似乎已願意為謀殺烏利亞接受懲罰，任憑神的宰制[28]。但這裡的敘事方式，也一樣很難讓人看出大衛內心究竟參雜哪些動機。大衛不把約櫃和祭司遷離耶路撒冷，可能有第二個、跟信仰比較無關的理由。大衛可以利用這些祭司——撒督年輕的兒子們——向他回報耶路撒冷發生的事。大衛會需要在押沙龍陣營部署眼線，但是他不要危險又難以預測的約櫃跟著他漂流：

王又對祭司撒督說，你不是先見麼？你可以安然回城；你兒子亞希瑪斯（Ahimaz）和亞比亞（Abithar）他的兒子約拿單（Jonathan），你們的兩個兒子，都可以與你們同去。看哪，我要在曠野的渡口那裏等候，直到有話從你們

那裏來告訴我。（撒母耳記下十五章廿七至廿八節）

這樣，年輕可靠的祭司們留在城中、大衛的顧問戶篩附近，可以直接從押沙龍的親信獲得有用的情報，再把情報帶出城，告訴大衛。

當叛變出現、王權形象受損，一些人原先被壓抑在內心的忿忿不平就又會浮出檯面。大衛一行人離開耶路撒冷前往曠野時經過了一個小村舍，碰到一個叫示每（Shimei）的便雅憫支派的人——先王掃羅也是出身便雅憫支派。示每眼見情勢對大衛不利，就忽然膽量大增，說出了他忍了好幾年的話。示每向大衛丟石頭，一邊咒罵著說：

你這流人血的卑劣之徒，去罷，去罷。你流掃羅家的血，接續他作王；耶和華把流這一切血的罪報應在你身上，又將國交在你兒子押沙龍手中；現在你自取其禍，因為你是流人血的人。（撒母耳記下十六章七至九節）

大衛盡了一切努力想要脫去弒君罪。但是對掃羅的支持者來說，大衛還是個弒君者。大衛的將領約押殺了掃羅過去的將領押尼珥，沒有遭到懲罰。大衛本人在亞吉當非利士人的傭兵，沒有幫助以色列並肩作戰，掃羅和掃羅的兒子卻戰死沙場。伊施波設遭刺殺，大衛因此獲得好處。掃羅的女兒米甲被留在家中，未有後代。約拿單的瘸腿的兒子米非波設被帶到大衛的宮殿中監控。對掃羅支持者來說，這一系列的行為就足以定罪大衛，把朝代滅亡的事算到大衛頭上[29]。約押的弟弟亞比篩想要捍衛大衛王的尊嚴，提議殺掉把血口噴人的示每[30]。但是大衛沒有答應，任憑示每辱罵羞辱，似乎是希望藉著公開被指控弒君，免去神的懲罰：

大衛又對亞比篩和眾臣僕說，我親生的兒子尚且尋索我的性命，何況這便雅憫人呢？由他咒罵罷，因為這是耶和華告訴他的。或者耶和華見我遭難，為了今日這人對我的咒罵，就以好處回報我。（撒母耳記下十六章十一至十二節）

押沙龍叛變篡奪王位的計畫，暴露了大衛對王室地位和個人榮譽的擔憂，對大衛的心理打擊也很大[31]。大衛做王這麼長一對時間，這是第一次、也是唯一一次，被公開指責背叛和篡位，一向高深莫測、善於心計的大衛，現在卻開始反省[32]。

大衛往東逃到荒漠時，押沙龍則進入了耶路撒冷。從亞希多弗在耶路撒冷給押沙龍的第一個建議，就知道大衛為什麼認為自己過去的顧問亞希多弗是叛變兒子的親信中，最危險的人物：

亞希多弗對押沙龍說，你父親所留下看守宮殿的妃嬪，你可以與她們親近。全以色列聽見你已使你父親憎惡你，凡與你在一起的人，手就更堅強了。於是人為押沙龍在宮殿的平頂上支搭帳棚；押沙龍在以色列眾人眼前，與他父親的妃嬪親近。（撒母耳記下十六章廿一至廿三節）

大衛王還活著，所以亞希多弗知道必須要傳遞一個明確的訊息給大衛，讓大衛知道自己處於弱勢，而押沙龍也不怕大衛，決心奪下王位。公然奪取大衛的妃嬪，會強化押沙龍支持者的信心，也會使心意未決、只是在等著看風向的人，快點決定選邊站[33]。

亞希多弗知道在這個時間抓住這個機會，可以推押沙龍一把，於是又提出了另一個聰明的建議。亞希多弗表示他願意親自帶領軍隊，在大衛和大衛的人馬疲憊不堪，沒有防衛的時候，發動攻擊：

求你准我挑選一萬二千人，今夜我就起身追趕大衛，趁他疲乏手軟，我忽然追上他，使他驚惶；跟隨他的民必都逃跑，我就單擊殺王一人，使全民都歸順你。你所尋索的人一死，全民就如已經歸順你；全民就必平安無事。（撒母耳記下十七章四節，恢復本中譯為一至四節）

亞希多弗看大衛現境窘迫，認為應該可以找到大衛，將他殺害。大衛死後，大衛的支持者就會改變陣營，不致發生戰爭讓雙方都痛苦。這是個很好的策略，但是滲透押沙龍親信的間諜戶篩，在這個關鍵時刻挺身阻止了這個計畫，保住大衛的王位：

戶篩對押沙龍說，亞希多弗這次所定的計謀不好。戶篩又說，你知道，你父親和跟隨他的人都是勇士，現在他們魂裏苦惱，如同田野丟崽子的母熊一般，而且你父親是個戰士，必不和民一同住宿。他現今或藏在坑中，或在別處；若有人首先被殺，凡聽見的必說，跟隨押沙龍的民被殺了……依我之計，不如將全以色列的人，從但（Dan）直到別是巴（Beersheba），如同海邊的沙那樣多，聚集到你這裏來，你也親自出戰。這樣，我們在何處遇見他，就下到他那裏，如同露水下在地上一般，連他帶跟隨他的眾人，一個也不留下。他若進了那一座城，全以色列的人必帶繩子去，將那城拉到河裏，使那裏連一塊石頭也找不到。押沙龍和以色列眾人說，亞基人戶篩的計謀比亞希多弗的計謀更好。（撒母耳記下十七章七至十四節）

戶篩連哄帶騙，也提出有力論點，話說得非常動聽，於是成功說服押沙龍放棄亞希多弗的計畫。戶篩表示，突襲大衛風險太高，因為大衛一定會藏身等著埋伏攻擊追殺他的軍隊，暗示亞希多弗小看了大衛軍兵的實力。戶篩順著押沙龍的自傲，告訴押沙龍他應該最明白自己的父親在被逼到絕境時，絕對會極力奮戰抵抗。戶篩認為，如果亞希多弗的計畫失敗，就算不是致命的失敗，也會造成連鎖效應[34]。

戶篩的建議是直接開戰，殺掉大衛的支持者（這樣大衛的支持者會加倍效忠大衛），而亞希多弗的建議是直接擊殺大衛（這樣反而會使大衛的支持者離散）。戶篩建議押沙龍召集全以色列的人，直接對戰大衛的軍隊和支持者，此舉最重要的是，幫大衛爭取到時間，大衛現在最需要的就是足夠的時間來重整軍隊、取得資源。大衛的軍力很有經驗，雖然跟押沙龍可以集結的人數相比，大衛人數實在很少，但只要善加規畫、謹慎作戰，大衛還是可以佔上風。

亞希多弗的提議被駁回了，於是他回到自家，上吊自殺。亞希多弗自殺不全是因為自尊受創。亞希多弗知道押沙龍的叛變絕對會失敗。他寧可自殺，也不願因叛國罪被大衛戰勝的軍隊拖去處死。

雙方人馬在約旦河交會。大衛兵分三組，分別由約押、亞比篩、以太（Ittai）帶領，他們到了城門口，準備迎戰時，大衛在開戰前下了最後一個命令：王囑咐約押、亞比篩、以太說，你們要為我的緣故寬待那少年人押沙龍。王為押沙龍囑咐眾將的話，百姓都聽見了。（撒母耳記下八章五節）大衛在百姓面前下令要寬待押沙龍，這很不合戰爭邏輯。若直接殺了押沙龍，一勞永逸剷除異己，顯然要比不計代價保住押沙龍的性命合理多了。不殺押沙龍，只會延長戰爭，使大衛的兵力徒增損失，也耗損押沙龍支持者的性命。其實起初亞希多弗給押沙龍的精明政治建議是對的：把敵軍領導人斬首，就可根除癱瘓敵軍。但是大衛出自愛子心切，而不是出自以色列君王的份，沒有採用這個穩贏的策略。大衛似乎沒把押沙龍當成叛國者，他只是個少年人啊，是迷失了方向的孩子，也許還有可能把他領回正途。

很快，大衛的軍隊就佔了上風。大衛軍隊兵分三路夾攻押沙龍，押沙龍的軍隊被逼到樹林中，全面失控，亂了陣腳。押沙龍對兵力也失去了掌控，獨自在荒野中奔逃：

> 押沙龍偶然遇上大衛的僕人。押沙龍騎著騾子，騾子走到大橡樹纏結的枝子底下，他的頭髮被樹枝鉤住，就懸掛在半空中，所騎的騾子便離他去了。戰事在那裏蔓延到全地，那日死於樹林的百姓比死於刀劍的更多。有一個人看見，就告訴約押說，我看見押沙龍掛在橡樹上了。約押對告訴他的人說，你既看見了，為甚麼不在那裏將他打死落在地上呢？那樣，我會賞你十錠銀子和一條腰帶。那人對約押說，我就是手中得你一千錠銀子，也不敢伸手害王的兒子；因為我們聽見王囑咐你和亞比篩並以太，說，你們無論誰都要顧全那少年人押沙龍。我若妄為不忠，害了他的性命，就是你自己也必與我為敵，因為無論何事都瞞不過王。（撒母耳記下十八章九至十三節）

押沙龍最後戲劇性的下場的寓意，古今讀者都能見證。押沙龍王子為自己的頭髮很是自戀，他的頭髮也是男子氣概的表徵，但最終，頭髮卻成了他致命的弱點[35]。押沙龍的騾子（座騎是表徵王室地位）離他而去，把押沙龍留在樹上、孤立無援，掛在天與地的中間，沒有立足之地。約押一心只想趕緊結束戰爭，不打算聽從大衛的命令。對約押來說，效忠大衛的王權比滿足大衛出自父愛的恣意妄為和焦慮還要重要。但是約押不願意親自違抗王的命令，打算讓地位較低、無足輕重的下屬來殺害押沙龍。於是，約押責罵士兵不肯當下了結押沙龍的性命，也不肯領取約押提供給殺押沙龍者的獎賞。

將領約押和士兵的短暫對話中，也有豐富的政治意涵。士兵在回應約押的責罵時，展示出精明的下屬其實知道怎麼做才是對的。這名士兵聽見了大衛王下的命令，知道大衛王終將發現是誰殺了他的兒子。雖然約押要他抓住機會殺了押沙龍，但他不願意違背大衛王的命令，就算約押肯給更豐厚的獎賞。

這名士兵知道，要是大衛發現下屬違抗命令而勃然大怒，約押一定擺出置身事外的態度，甩鍋給殺害王子的士兵。戰場指揮官煽動士兵殺害押沙龍，讓士兵成為指揮官抗命的代罪羔羊。這名低階士兵話說得直接：「就是你自己也必與我為敵」——可以警惕後世的軍隊下屬，**不要傻傻聽信上司命令，以為最後咎責時，打算脫罪的上司還會幫自己說話。**

這段談話後，約押知道他必須親自弄髒雙手，違抗大衛王的明令：

> 約押說，我不能這樣與你留連。約押手拿三根短槍，趁押沙龍在橡樹上還活著，就刺透他的心。給約押拿兵器的十個少年人圍繞押沙龍，擊殺他，將他殺死。約押吹角，攔阻百姓，他們就回來，不再追趕以色列人。他們將押沙龍丟在林中一個大坑裏，上頭立起一大堆石頭。全以色列的人都逃跑，各人回自己的帳棚去了。（撒母耳記下十八章十四至十七節）

約押把流亡中的押沙龍從基述帶回耶路撒冷，但是此舉的動機無人明白。約押個人似乎根本無意替大衛父子和解。約押背後大概有政治動機，想要近距離監控殺害親哥哥的押沙龍。押沙龍叛變即將成真時，約押知道這時必須殺掉這名心急膽大的王子，毫不猶豫、馬上行動。押沙龍孤立無援的身軀就這樣掛在樹上，對心意已決的忠誠將領約押來說，等於是天賜良機，可以替大衛保住岌岌可危的王權。

押沙龍的處決方式非常血腥，文中仔細描述有其原因。首先是用三根短槍刺透押沙龍的心，此時押沙龍還沒死，只是延長押沙龍的痛苦。接下來由下屬執行最後的一擊，這幾個年輕人把押沙龍送上了西天[36]，沒有給篡位者留活路。大衛對押沙龍有愛，想要保護押沙龍，所以押沙龍要死就得死在戰場上，雖說押沙龍當時的狀態根本無法自衛，身上沒有武器，又被纏在樹上，要活捉其實非常容易。約押處死押沙龍，把他的屍體埋在石堆下之後，就立刻宣布停戰，讓敵軍逃走，以免叛變越演越烈，演變成無止盡的內戰：全以色列的人都逃跑，各人回自己的帳棚去了。（撒母耳記下十八章十七節）

如果大衛本人也親赴戰場，就會有更大的權力可以掌控一切，讓事情照他的想法發生。但是大衛年邁，不適合親自上陣，而且在備戰的時候，大衛的軍兵也不讓大衛親自帶領作戰。所以大衛只能坐在城門口等待戰事結果，是個焦急卻又什麼都不能做的君王。大衛的政治動機是保住王權，但是另一方面，他又希望保住叛變篡位的兒子的性命。故事中仔細描述戰事消息傳回城門口時，大衛時的狀態，這是為了顯示，雖然大衛過去在鞏固王權時總是不屈不撓又靈巧，但是他現在心裡極度焦急，對兒子／後嗣生死的不安，已經遠超過他想要保住王位的心情。

有兩個人從戰場跑來報信。祭司亞希瑪斯先到了，他遠遠就先喊著「平安了」，乎是想在正式呈報戰果之前，先安撫大衛王。亞希瑪斯到了城門，在王前叩拜，面伏於地，正式用官方說法報告了好消息：耶和華你的神是當受頌讚的，因祂已將那舉手攻擊我主我王的人交給王了。（撒母耳記下十八章廿八節）但是焦慮的大衛王根本不在乎這個消息。他心裡完全只有兒子的命運。勝仗的好消息反而讓他更加擔心：王問說，少年人押沙龍平安不平安[37]？（撒母耳記下十八章廿九節）信使亞希瑪斯只能含糊地回答，他無法親口對王說出究竟發生了什麼事。

下一個跑來報信的是一名古實（Cush，今日衣索比亞）的僕人，亞希瑪斯話才說完他就到了，他也立刻說了好消息：耶和華今日已給你伸了冤，救你脫離一切興起攻擊你之人的手了。（撒母耳記下十八章卅一節）憂心的大衛王馬上問了相同的問題：少年人押沙龍平安不平安？（撒母耳記下十八章卅二節）終於，專業的僕人說出了壞消息，不過還是避開了清楚的細節：願我主我王的仇敵，和一切興起攻擊你，要害你的人，都與那少年人一樣！（撒母耳記下十八章卅二節）

大衛崩潰了：

> 王就心裏傷慟，上城門樓去哀哭，一面走一面說，我兒押沙龍阿！我兒，我兒押沙龍！押沙龍阿，我兒，我兒！（撒母耳記下十九章一節，恢復本中譯為十八章卅三節）

前面我們已經看過大衛在哀悼約拿單、掃羅、押尼珥時，都是計畫演出，但是在這裡，痛苦到連話都說不清楚的大衛，是真心感到悲傷。這種悲傷不帶政治動機或目標。大衛自己的罪惡感又使痛失兒子的悲傷被放大，因為大衛身為父親，間接導致兒子的死[38]。畢竟，當押沙龍準備叛變時，大衛並沒有主動退位。大衛大可至外邦尋求庇護，也許可以往北逃到盟友的宮廷。但是大衛選擇留下來捍衛自己的王位，還在兒子的親信之間部署眼線。大衛為自己爭取時間，重整軍隊，還設計了一個攻打敵軍勢力的完美計畫。這些用來抵禦篡位者的動作，最後卻出現了意外的結果，造成篡位者慘死。

對大衛而言，押沙龍並非危險的叛軍，非死不可，而是他的兒子，是他的後嗣。大衛在哀悼押沙龍時，也不斷這樣強調。現在，緊抓權力不放的代價，竟是自己的兒子被自己的軍隊所殺，大衛寧可死的是自己——「我恨不得替你死！」（撒母耳記下十九章一節，恢復本中譯為十八章卅三節）大衛的軍隊違抗他的命令，殺害了押沙龍，大衛怎能不難過？過去，遠端遙控的權力幫助大衛與暴力罪行脫鉤。大衛自己的理論：「刀劍或吞滅這人或吞滅那人，沒有一定的」，也安慰不了他，因為大衛現在愛恨交織，充滿罪惡感，又失去了兒子。

大衛王躲起來哀慟，此舉也打擊了得勝的軍隊的士氣：

那日百姓聽說王為他兒子憂傷，他們眾人得勝的歡樂就變成悲哀。那日百姓偷偷的進城，就如敗陣逃跑、慚愧的民偷偷逃走一般。王蒙著臉，大聲哀號說，我兒押沙龍阿！押沙龍，我兒，我兒阿！（撒母耳記下十九章三至五節，恢復本中譯為十九章二至四節）

大衛王的軍隊不惜自己的性命上戰場，是為了捍衛大衛的王位，但勝利後卻得偷偷的進城，彷彿打了一場丟臉的敗仗。大衛個人的損失，壓過了戰勝敵軍的光榮。大衛完全不管替他打了勝仗的戰士，繼續掩面失控大哭。這場戰爭幕後最大的領導人已經六神無主。從政治的角度來看，這種失態不能容忍，不是君王該有的狀態。約押是大衛勝仗的主要功臣，也是大衛痛失兒子的主要人物，約押試圖讓大衛清醒，別再沈溺在哀傷的情緒當中，想讓他明白士兵冒著生命危險，在戰場危疑震撼之際，一直對他保持忠誠，而他大衛這樣為兒子哀痛，對士兵說不過去。若是大衛再繼續躲起來哀悼，他本人和他的朝代都會邁向毀滅：

約押進屋子去見王，說，你今日使你一切僕人臉面慚愧了；他們今日救了你的性命，和你兒女妻妾的性命，你卻愛那些恨你的人，恨那些愛你的人；你今日表明了，將帥和僕人對你不算甚麼。我今日纔曉得，若押沙龍活著，我們都死亡，你就喜悅了。現在你當起來，出去安慰你僕人的心。我指著耶和華起誓，你若不出去，今夜必無一人與你同在一處；這禍患就比你從幼年到如今所遭的更甚。於是王起來，坐在城門口。有人告訴眾民說，看哪，王坐在城門口。眾民就都到王面前。以色列人已經逃跑，各人回自己的帳棚去了。（撒母耳記下十九章六至九節，恢復本中譯為五至八節）

〈撒母耳記〉全書中，這幾處經節是文學和政治的高峰，因為這段文點出了「權力運作模式」與「愛的運作模式」之間最大的衝突[39]。士兵對君王的效忠，與父親為兒子心碎，兩者之間非常矛盾。若大衛還想維持政治權力，就需要撇開父愛。在朝代政治體系中，權力存在於家族內，政治和家庭剪不斷、理還亂，統治者被迫必須做出這般令人痛苦的割捨。

押沙龍叛變的最後一節經節中，大衛王振作了起來。大衛聽取了約押的警告[40]，坐在城門口，重新確認他的政治地位，他的軍兵也聚集在他面前。大衛保住了王位，但是這背後的代價太高了。約押用上對下的口氣對大衛說話：「現在你當起來，出去安慰你僕人的心。」，顯示出大衛當下極為軟弱。大衛成了一個痛苦的人，因為他的家庭被情慾和欲望給破壞了[41]。長子暗嫩強暴了妹妹他瑪，又被弟弟押沙龍給殺害。押沙龍與父親的嬪妃交合，而大衛為了王位不被兒子篡奪，卻導致兒子走上死路。先知拿單早預言了這些痛苦，拿單說這是大衛娶拔示巴又殺害烏利亞的懲罰。其實這些災難不只是報應，更是根深於朝代世襲制度的內在問題，〈撒母耳記〉的作者把他瑪強暴事件與押沙龍叛變事件併陳，闡釋的相當詳細。

這兩段故事顯示、探討了朝代制度在解決政權延續問題時，會出現極為不穩的狀態，甚至可能自我推翻。朝代制度是把政權轉移給君王的血親，但是這種制度會造成王室相當大的壓力。至高無上的政權傳給君王的後代，是朝代制度認可的模式，但這會造成下一代認為自己有權做王、開始競爭、失去耐性。此外，父愛和政治權力交織在一起，代表父親要負責避免王室家族成員出走，但是父親本來就沒有辦法有效達成這個目標。大衛經常濫用王權做些不當的事，也難怪大衛的罪行傳開後，他的道德地位也開始下滑。

作者在闡述押沙龍叛變時，顯示出作者對朝代世襲制度內在的病根有深入的洞見，押沙龍的故事中，為了延續政權，付出了最為慘痛的代價。押沙龍事件描述的朝代結構，移動了文明秩序可能的基石：潛在的戀母情結被抑制住了。押沙龍叛變時，有兩件事情讓他受到內心糾結的「文明」羈絆，首先是與父親的嬪妃性交的禁忌，再來是弒父對會在心理產生難以忍受的罪惡感。最終，這個戀母事件只完成了一半。押沙龍的政治野心讓他顧不了亂倫，在大庭廣眾之下，與父親的嬪妃性交。但是這位少年篡位者並未謀殺父親，反而是父親殺了兒子，因為父親的軍隊更強，更有經驗。統治者死後，若政權延續只能靠家族繼承，就會造成非常大的風險。世襲君主制度贏者全拿的特性會導致王位可能的繼承人之間出現兄弟紛爭，甚至自相殘殺。在權力政治之下，複雜艱難的文明大業就會瓦解，尤其是近親關係間該有的規範。長老制度的家庭會出現兄弟間的平行競爭，也會出現父子之間的垂直緊張關係。雖然深植人心的社會和文化常規可以緩解這種緊張情勢，但是一旦家族成為大權轉移的主要工具，緊張情勢就會被引爆。押沙龍殺害暗嫩和押沙龍叛變的敘事中，可以看出複雜的平行、垂直的家庭結構在朝代政治中瓦解。傳統朝代君主制度中，家庭是政治秩序的中心，所以家族內部瓦解也會造成漣漪效應，讓整個政體動盪不安[42]。這些故事也讓我們更深入看見整本〈撒母耳記〉中道出的窘境。所有人類政權都有延續的問題，但是朝代制度解決這個問題的方式有個核心問題，就是會出現許多無法解決、自我滅亡的人際關係。

第四章　一張死亡清單：大衛的遺願與遺囑

大衛高潮迭起的人生靠近了尾聲，曾經意氣風發的大衛王，現在被描繪為年邁臥床、身邊無人：

大衛王年紀老邁，雖用衣服遮蓋，仍不覺暖。所以臣僕對他說，不如為我主我王尋找一個年少的處女，使她侍立在王面前，照料王，睡在王的懷中，好叫我主我王得暖。於是他們在以色列全境尋找美貌的少女，尋得書念（Shunamite）女子亞比煞（Abishag），就帶到王那裏。這少女極其美貌，她照料王，伺候王，王卻沒有與她親近。（列王紀上一章一至四節）

大衛王成了風中殘燭，雖然身邊有美麗的處女替他取暖，王卻沒有碰她，性無能的大衛王現在只能臥床，似乎已無法治國，甚至連王室也管理不了。大衛王的王權縮限了，於是又出現了權力真空，押沙龍的叛軍雖遭擊敗，朝代繼承的緊張情勢卻沒有完全消失，這個問題再度浮出檯面。不過，押沙龍失敗的叛變，至少讓未來的王位競爭者學到，要有萬全的準備才能競爭王位。後起的篡位者現在知道，要等到仍在位的君王年老力衰、沒有力氣反抗受到群眾和菁英擁戴的新人，才能開始行動。篡位者最佳的行動時機，就是當現任君王已垂垂老矣、失去能力，但是還沒提名繼承人的時候。現在，時機似乎已經成熟：

那時，哈及（Haggith）的兒子亞多尼雅（Adonijah）高抬自己，說，我必作王；他為自己豫備戰車、馬兵，又派五十人在他前面奔走。他父親素來沒有使他難過，說，你為甚麼這樣作？他也甚俊美，生在押沙龍之後。亞多尼雅與洗魯雅的兒子約押，和祭司亞比亞他商議；二人就跟從他，幫助他。但祭司撒督、耶何耶大（Jehoiada）的兒子比拿雅（Beneaiah）、申言者拿單、示每、利以（Rei）、並大衛的勇士，都不與亞多尼雅在一起。一日，亞多尼雅

> 在隱羅結（En-rogel）旁、瑣希（Zoheleth）列石頭那裏，宰了牛羊、肥畜，請他的諸弟兄，就是王的眾子，並所有作王臣僕的猶大人；惟獨申言者拿單、比拿雅、並勇士、和他的兄弟所羅門，他都沒有請。（列王紀上一章五至十節）

英俊的王子亞多尼雅和他的哥哥押沙龍如出一轍。亞多尼雅竄取王權時，溺愛兒子的父親大衛沒有任何責難。大衛目前的長子亞多尼雅從未被大衛責罵、管教，所以覺得自己有資格做王[1]。但是亞多尼雅還是擔心大衛會選立弟弟繼承王位，所以他決定先發制人，利用大衛現在管不了朝政的狼狽狀態，先自立為王，免得到時大衛選立其他人繼承王位。亞多尼雅的先發制人，背後有強大的軍力和宗教勢力撐腰（將領約押和祭司亞比亞），這兩人希望藉著支持亞多尼雅，未來的王會對他們心懷感激，讓自己未來更有影響力[2]。

〈撒母耳記〉的作者不斷深入探索兩代間的權力轉移，讓讀者理解年邁垂死的朝代君王，最後的日子中，充滿著許多變化和棘手的問題。各種角色可以開始建立「實地真相」（facts on the ground），這些事件很可能會對王室派系造成嚴重甚或致命的後果。首先，取得先機的權力角逐者有各種理由想要剷除對手。〈撒母耳記〉作者在〈列王記〉頭兩章中，建構出了這樣戲劇化的開端。故事中有兩名危險又充滿野心的兒子想要角逐下一代王位，互相角力、難分高下，所以只能等待虛弱臥床的父親退位。作者透過父子、兄弟之間的糾葛，又再一次顯示出當政治權力是由朝代血脈傳承時，很可能會導致無可避免的自我毀滅。

出席亞多尼雅稱王典禮的達官顯貴中，獨缺他弟弟所羅門（Solomon）和所羅門的支持者。朝代世襲制度贏者全拿的概念中，菁英派系間一定會產生可怕的競爭，刻意排除所羅門，就代表衝突即將發生。亞多尼雅和他的臣僕不僅把所羅門和所羅門的支持者看作競爭者，更認為他們會在自己掌權後，成為一個常存的威脅。保險起見，必須消滅所羅門和他的主要親信。大衛其他兒子都參加了亞多尼雅的登基典禮。他們的出席，暗示著他們默認亞多尼雅為下一任以色列王。亞多尼雅最年長，也最勇敢。然而大衛似乎偏愛所羅門，所以所羅門並未受邀出席典禮，這代表所羅門現在被點名做記號了。

所羅門派系的先知拿單聽聞亞多尼雅打算先發制人取得王位，便趕緊警告所羅門的母親拔示巴：哈及的兒子亞多尼雅作王了，我們的主公大衛卻不知道；這事你沒有聽見麼？現在你來，我給你出個主意，好保全你和你兒子所羅門的性命。（列王紀上一章十一至十二節）拿單這個令人震驚的消息，讓拔示巴也得知亞多尼雅不只是想篡位，甚至已「自立為王」，這顯示了統治者的位置有多容易改變，以及朝代世襲程序的脆弱[3]。拿單要拔示巴到大衛的寢室最後一搏，還替拔示巴寫了一個腳本讓她照著說。大衛已不管世事，但拿單顯然希望大衛聽到亞多尼雅自行登基的事情之後，可以積極採取行動，因為亞多尼雅自立為王等於是剝奪年邁的大衛王最後一個政治權力，也就是決定該由哪個兒子繼承王位。

拔示巴進到大衛空無他人的寢室中，依照拿單的指示，向垂死的以色列王求情，提醒大衛他曾經起誓要讓他們兩人所生的兒子所羅門接下王位，而不是亞多尼雅[4]。過不久，拿單也進入了大衛的寢室。拿單精心策劃該怎麼說才能引發大衛的怒氣，讓身心都已虛弱衰敗的以色列王恢復君王該有的能力。拿單故意問大衛，是否同意亞多尼雅在不告知所羅門支持者的情況下自立為王，讓所羅門本人和他的支持者生命受到危險。拿單主要是要提醒大衛王，他還是統治者，有權可以跳過年紀順序，自行決定由哪個兒子繼承王位。雖然在傳統宗族社會中，通常是由長幼順序來決定繼承人。

拿單強調大衛尚未行使決定繼承人的權利，又告訴他亞多尼雅和他的派系這樣的行為顯然是當大衛死了，想要藉此激怒大衛[5]。拿單最後作出警告：亞多尼雅在鞏固權力之後，可能會殺了大衛的愛子所羅門。這兩個論點來看，大衛要證明自己還活著，還有握王權，並且保護所羅門不被殺害，最簡單的方式就是：退位，並在死前立所羅門為王。

拿單的出手證明了亞多尼雅和他的支持者們還是太躁進了。拿單機靈、即時的干預，讓亞多尼雅這個厚臉皮的動作激怒了老邁的大衛王，讓大衛最後一次使用了他的王權，逆轉了情勢。這個連性慾都沒了的年邁老翁，根本已經進入嬰兒狀態，但他的政治生涯可還沒結束。野心勃勃的長子算計錯誤了。大衛用盡了最後的力氣，命令他的臣僕立刻立所羅門為王。這個反將一軍的計畫，背後有比拿雅的軍隊協助，還有先知拿單以及祭司撒督的宗教支持，很快就擬定，也成功地執行。

亞多尼雅自以為成功拿下王位，還在慶祝時，所羅門已被膏立為王，坐在大衛寶座的旁邊。耶路撒冷的以色列人陶醉於所羅門的公開加冕典禮，各個歡欣鼓舞，所羅門在大衛的祝福之下，繼承了王位。耶路撒冷城內慶祝的聲音傳到了亞多尼雅的人那裡，亞多尼雅得知大衛親自立所羅門為王的消息，他的同夥便開始焦慮，因為他們發現自己做得太過份了，誤判了大衛的意圖，於是倉皇四散。

亞多尼雅被牆頭草支持者拋棄了，連忙逃到聖所尋求庇護。情勢突如其來的轉變，讓亞多尼雅知道現在他是他小命不保。當王位繼承爭奪戰在家庭中熱烈展開，很可能以兄弟殘殺收場。拿單當初也說，如果亞多尼雅的計畫成功了，亞多尼雅會殺了所羅門。

大衛選立的新以色列王所羅門即位後，一開始免亞多尼雅一死，卻也嚴密監控亞多尼雅的行為。最後，亞多尼雅被自己受傷的自尊心所矇騙，做出一件傻事，給了所羅門殺他的理由。但這事發生在大衛死後，大衛應該不願意再見到兒子互相殘殺了。

〈撒母耳記〉的作者用精湛的筆法，寫完了以色列君主制度史上第一次真實的政權轉移。大衛還在世時，所羅門就已經繼承了父親的王位，握有實權，其他競爭者都是虛有其位。在這個精彩的故事中，交織著作者最想表達的論點，尤其是政權「穩定」轉移至所羅門手中時，造成他人的重大犧牲，以及肩負朝代政權轉移責任的家庭遇到的災難。整個過程中，大衛有三個兒子被殺——暗嫩、押沙龍、亞多尼雅，其中有兩個死於自己親兄弟之手。作者認為大衛本人跟三個兒子的死都脫不了關聯。大衛即便心裡懷疑事有蹊蹺，還是把暗嫩交給了押沙龍，送暗嫩赴死；大衛在掙扎該如何鞏固權力時，押沙龍則為父親的將領所殺；大衛未能阻止亞多尼雅的毀滅性野心，只能在所羅門跟亞多尼雅之間選擇一人繼承王位，導致另一人被殺（雖說年邁的大衛大概也能大致猜到亞多尼雅的命運）。

君主立憲制度的設計是為了要確保政權得以延續。但是政治主權的主要目的其實是為了集體防禦外侮，為了達成這個目的，也必須防止家族自相殘殺。可是，朝代君主制度並未防止家族血仇，而是把血親復仇移往別處。君主世襲制度出現之前，家人自相殘殺導致派系、宗族被破壞，讓以色列人暴露在外侮的危險之中，但現在這個問題卻轉移到王室之中。從這個角度來看，大衛的兒子為了爭取繼承父親王位而衍伸出的自相殘殺事件，更是印證了作者的觀點：政治體制的核心很可能被掏空、劣化。不可避免的駭人兄弟殘殺事件，一直到上演到大衛嚥下最後一口氣。

故事結束在大衛在床邊遺贈給兒子／後嗣所羅門的話。大衛最後一次使用王權又出自父愛說出的遺言，替整段故事做了一個總結，把作者探索大衛一生的各個關鍵主題，做了個包裝。人在臨死前最後的行為，感覺跟平常沒有什麼兩樣，尤其是擁有極大政治權力的人。年邁和臨死反而像是強化了他們的人格上的美德與瑕疵。在這個最後的時刻，一個人一生以來的樣貌會完全暴露出來，更加清晰、更加明顯。大衛的情況就是這樣。

大衛的遺囑先是勸誡兒子要走神的道路，遵守大衛的誡命，這樣所羅門和他子孫的王權才得以永遠長存。（有人認為這段是後來才被加入經文中）[6]。但你若以為大衛這垂死懊悔的君王，用這種說教式的言辭自我懺悔，強調真理和正義，並提醒兒子不要重蹈自己的覆轍，你就錯了。大衛的遺願和遺囑，馬上從要按照公義行事的教誨轉變成個人待辦事項——大衛把他死前未能完成的事交代給所羅門，告訴他以色列人當中哪些需要驅逐出境，哪些需要見血。**這不只是要了結大衛未解決的事。更重要的，也是為了指導所羅門如何鞏固王室權力。**所羅門若是想要王權長存，就必須遵守大衛從「人」（非從神）而來的誡命。為了確保大衛的後代可以永久在以色列做王，所羅門就必須處理很多會惹事生非的人，其中還有些人知道某些真相，這些真相若是見光，大衛王朝的正當性就會受到質疑。

大衛用遺言把自己的政治「智慧」傳給兒子／後嗣，作者精湛的寫法，又再度讓讀者看見作者一開始要表達的主題：把自己身邊的人當成工具。統治者可能是為了維持權力而犧牲了政治，統治者過度擔心背叛，使用了不道德的暴力手段，因為統治者可以藉由一連串替他行事的行為人來脫身。這不是讀者第一次讀到大衛安排殺掉妨礙他的人。但是臨死的大衛殺傷力又更強，因為這次，大衛可以從墳墓中伸出手來傷人：

你也知道洗魯雅（Zuruiah）的兒子約押向我所行的，就是他向以色列兩個元帥，尼珥（Ner）的兒子押尼珥和益帖（Jether）的兒子所行的；他殺了他們，在太平之時流這二人的血，如在爭戰之時一樣，將這爭戰的血染了自己腰間的帶和腳上的鞋。所以你要照你的智慧行，不讓他白頭安然下陰間。你當以恩慈待基列人巴西萊（Bazillai）的眾子，使他們列於你席上喫飯的人中；因為我躲避你哥哥押沙龍的時候，他們曾拿食物來迎接我。在你這裏有巴戶琳（Bahurim）的便雅憫人，基拉（Gera）的兒子示每；我往瑪哈念（Mahanaim）去的那日，他用狠毒的咒詛咒罵我，後來卻下約但河迎接我，我就指著耶和華向他起誓說，我必不用刀殺你。現在你不要以他為無罪；你是有智慧的人，必知道怎樣待他，使他白頭見殺，流血下到陰間。大衛與他列祖

同睡，葬在大衛城。（列王紀上二章五至十節）

就連大衛一直以來的心腹約押，也在大衛給所羅門的死亡清單上。跟先前一樣，我們根本看不出殺戮的動機。下令殺掉約押的動機究竟是公義、復仇、政治因素，或以上皆是？真的無法確定。大衛認為約押「無故」殺了兩個無辜的元帥押尼珥和益帖，但是〈撒母耳記〉的作者也一再提醒我們，公義並不一定能如實反映內心動機。但就客觀角度來看，道德和謀略兩件事情本來就糾纏在一起，很難解開。如果大衛的動機純粹是正義，就很難解釋大衛為什麼要等到死後才懲罰約押[7]。押尼珥是個危險的戰士，在掃羅兒子伊施波設這個魁儡政權之下，集結了北方的支派。約押多年前殺了押尼珥，可能也間接幫助大衛建立起初的王權。當然，大衛政治生涯的每一步，都有約押死命的效忠，又替他執行最下流、血腥的罪行，替大衛保住他的政治生命。在掃羅追殺大衛時，約押就已經是保護大衛的其中一人。約押在大衛成為猶大王時，替大衛指揮內戰。約押也聽命殺了烏利亞，成了大衛罪行的活見證。他還在大衛政治生涯的低谷救了大衛，當時大衛的兒子押沙龍在耶路撒冷準備叛變，追殺大衛。約押殺了押沙龍叛軍的將領亞瑪撒，這大概可說是出自約押想要剷除敵軍勢力的個人動機[8]。但是約押其他的殺人行為，幾乎都可以說是為了幫助大衛保住他的權力。

現在，臥病在床的大衛已經不再需要約押了。所以大衛現在可以隨心所欲處理約押，不管是出自正義，或只是想要消滅自己罪行的證人。難道大衛認為殺了他的得意右手可以替他的王權取得正當性，清理自己過去犯下的罪？若是，這模糊了約押的死命效忠對王和王室帶來的好處。這種模糊，後人是沒有辦法解開的，認真試圖要解開這個動機的研究者，可能太天真了。

所羅門如實遵守了父親的誡命。所羅門在父親死後立刻派比拿雅處決了約押，就跟大衛當初派約押去殺人一樣。這裡又回到了一再出現的、詭異而真實的重點：所羅門的動機究竟是要伸張（遲來的）正義？還是出於自己的需要，因為約押是父親罪行的見證人，又是亞多尼雅的支持者？還是像約押這種知道太多、經驗老道的政治人物，未來很有可能帶來麻煩？因謀殺押尼珥和亞馬撒而判約押死刑，也可說成是朝廷應盡的義務，這樣還可把家族體系中想對大衛家報血仇的心情，轉移至約押家。

政治懲罰就跟一般政治一樣，背後都是手段和目的的雙重反轉，上述事件也代表著把「無良」變成可利用的工具。但是這種政治運作模式，也跟人類兩種完全不同、但互相牽連的情緒有關。首先，旁觀者永遠無法得知掌權者的動機究竟是道德良心還是貪圖不道德的便利；再者，掌權者背後的動機總是非常複雜，參雜很多元素。掌權者心裡想要抓住權力，所以道德和信仰有可能轉變成工具，用來滿足個人或派系的需要。但是這種永遠存在，無法被消滅的可能性，不是一定得存在，不具必要性。

〈撒母耳記〉作者精於處理政治議題，不僅透過大衛遺言的內容，也透過對所羅門執行遺願的方式來凸顯政治的模糊地帶。殺害約押事件被放在所羅門快速展開的一連串行動中一併描述，所羅門是大衛遺願的執行者，在這一連串的行動之中，可以看出所羅門不僅執行父親未能完成的正義，同時也要確保自己的王位不被撼動，因為這似乎是神給所羅門的應許。

不過在大衛死後，所羅門殺的第一個人，是為了他自己，而非大衛的囑咐。所羅門派比拿雅殺了他的哥哥兼王位爭奪者亞多尼雅。表面上看，大衛與亞多尼雅的死完全無關，就像大衛當初也並未下令殺害亞多尼雅叛變的哥哥押沙龍。然而，亞多尼雅的死是大衛君主朝代必然的結果。

故事中寫道，所羅門起初放了亞多尼雅一條生路。但亞多尼雅因為自己的精心計畫被打亂，於是亂了陣腳，幹出傻事，讓所羅門有了殺他的理由。大衛死後，爭權失敗的亞多尼雅繼續做出錯誤決策，這次居然要請託拔示巴去關說，讓他娶亞比煞為妻——亞比煞就是大衛王年邁時，在大衛身邊替他取暖的少女。亞多尼雅希望亞比煞可以是自己失去王位的安慰獎：

亞多尼雅說，你知道國原是歸我的，全以色列也都仰望我作王；不料，國反歸了我的弟弟，因他得國是出於耶和華。現在我有一件事求你，請不要推辭。拔示巴說，你說罷。他說，求你對所羅門王題說，將書念女子亞比煞賜我為妻，因他必不推辭你。（列王紀上二章十五至十七節）

亞多尼雅可能心想這個要求也不過分，畢竟亞比煞並非先王大衛正式的妻子，也未與大衛行房，不過只是替大衛暖床、照顧大衛。亞多尼雅也許在心中盤算，這樣他就有了新的立場可以奪回權力（按，擁有先王的女人，等同繼承先王的權力），因為先王的御用暖床少女，現在成了他的妻子。亞多尼雅大概覺得，要提出這個看似合理的要求，最適合的人選就是所羅門的母親。也許拔示巴會覺得自己兒子的成功，導致亞多尼雅下場淒慘，而出現同情心。如果有誰可以影響所羅門，就是他母親了[9]。但是所羅門卻不同情亞多尼雅。大衛遺命中的現實政治影響了所羅門，所羅門因此逮到機會，用尖酸的話嘲諷亞多尼雅要母親轉達讓他娶亞比煞的請求：

> 所羅門王回答他母親說，為何替亞多尼雅求書念女子亞比煞呢？你可以為他求國，因為他是我的哥哥；可以為他，並為祭司亞比亞他和洗魯雅的兒子約押求。所羅門王就指著耶和華起誓說，亞多尼雅說這話是自己送命，不然，願神重重的降罰與我。（列王紀上二章廿二至廿三節）

所羅門向賜他「不可動搖」的王權的耶和華起誓後，就立刻差派比拿雅去刺殺亞多尼雅，藉此消滅可能威脅他權力的人[10]。所羅門即位也已過了一段時間了，根據政治智慧或國家利益考量，此時凡是有可能集結反對勢力的人，都必須鏟除乾淨。亞多尼雅就這樣傻傻地上鉤。然而，若所羅門僅僅是因為亞多尼雅想娶亞比煞為妻，於是立刻下令殺掉兄長，那麼所羅門背後可能還有另一個動機，就是保住自己的王權，消滅可能的威脅者。雖然大衛並未明令下令殺掉亞多尼雅（就像他下令殺害約押那樣），但是大衛的遺囑和遺命，確實也是造成亞多尼雅的死因之一：大衛要求剷除所有可能威脅王位的人，亞多尼雅之死也跟這條戒律相符。

如同前述，所羅門派比拿雅殺害了亞多尼雅後，又鎖定了亞多尼雅的軍事和宗教支持者，約押以及亞比亞。這兩個人也必須消失。

在亞多尼雅奪權事件中，祭司亞比亞擔任宗教上的主謀。所羅門把他流放到一個小村莊中。所羅門不像掃羅那樣偏執，所羅門不殺祭司。祭司不會造成太大的威脅，只要把他們從宗教中心流放到邊陲就沒事了。而且，亞比亞見證了掃羅犯下的極大罪行（謀殺挪伯祭司），也許可以是大衛王朝合法性的見證人——約押就不一樣了，約押更麻煩，他見證的是大衛本人極大的罪行。

老謀深算的約押聽聞所羅門展開一連串的行動，也已經殺了亞多尼雅又流放亞比亞，他知道下一個就是自己。約押手握實權已經好幾十年了。他知道朝代更替之後通常會伴隨致命的派系衝突，最後會導致弱勢派系的領導者遭殺害：約押沒有歸從押沙龍，卻歸從了亞多尼雅。於是約押趕緊逃到耶和華的帳幕，抓緊祭壇的一角不放。有人告訴所羅門王說，約押逃到耶和華的帳幕，現今在祭壇的旁邊；所羅門就差遣耶何耶大的兒子比拿雅，說，你去將他殺死（列王紀上二章廿八至廿九節）[11]。所羅門「差遣」將領去殺約押，可是約押不肯離開帳幕的庇護，對比拿雅說他要死也要死在祭壇。比拿雅向所羅門回報說命令沒辦法執行，因為在祭壇殺人是褻瀆。但所羅門王仍下令要他在祭壇殺了約押：

王說，你照著他所說的而行，殺死他，將他葬埋，好將約押無故流人血的罪，從我和我的父家除去。耶和華必將約押流人血的罪，報應在他自己的頭上；因為他擊殺兩個比他又義又好的人，就是以色列的元帥，尼珥的兒子押尼珥，和猶大的元帥，益帖的兒子亞瑪撒，用刀殺了他們，我父親大衛卻不知道。故此，流這二人血的罪必報應在約押和他後裔的頭上，直到永遠；惟有大衛和他的後裔，並他的家與國位，必從耶和華那裏得平安，直到永遠。於是耶何耶大（Jehoiada）的兒子比拿雅上去，擊殺約押，將他殺死，葬在曠野約押自己的宅地裏。王就立耶何耶大的兒子比拿雅統領軍隊，代替約押，又使祭司撒督代替亞比亞他。（列王紀上二章卅一至卅五節）

所羅門這番說詞，使用了道德和宗教常規來合理化「在神的帳幕內殺害約押」的褻瀆行為。這段話很短，所羅門顯然相信：今日殺了約押，就可以洗淨過去大衛家手上沾的血。這裡〈撒母耳記〉作者又再一次讓我們看見公義和動機這兩者關係的問題：公義和動機究竟是合一還是分離？這點作者沒有解釋。若是從更廣義的角度來看，殺害約押其實是政治目的。約押殺害押尼珥，大衛確實不知情。大衛沒有下令約押殺害押尼珥，但是也沒有在發現此事後因此責罵約押。只要大衛還需要約押的幫助和支持，約押就不會因為自己殺了押尼珥而遭到算帳。

精湛巧妙的故事行文中，點出了所羅門最初的動機是鞏固自己的權力，所以消滅了亞多尼雅和他的支持者（包括約押）。但這也說出了一個問題：假如所羅門需要有人替他幹骯髒事，那麼他還會殺害約押嗎？不論約押究竟犯了什麼滔天大罪，假設約押並未參與亞多尼雅稱王事件，他還會被所羅門殺害嗎？故事最後幾句話，把讀者帶回了作者想要探索的中心主題：以正義之名，替單純圖政治便利產生的行為來做緩頰、找藉口、合理化，會導致真正的單純政治行為也被懷疑。

在此我們可以再多談談亞多尼雅這個角色。〈撒母耳記〉對亞多尼雅的描繪非常珍貴。雖然他不是故事主要人物，但若更進一步仔細探討這個配角，就能更深入了解政治權力的慾望產生的政治野心。亞多尼雅相貌堂堂，是押沙龍的弟弟，當時已晉升嫡長子的位子，所以自立為王。他以為自己從哥哥的錯誤中學到了教訓，因為他跟押沙龍不一樣，他忍耐自制，直等到大衛王身邊身邊孤立無援，無力掌管朝政，才展開行動。但是亞多尼雅誤判了大衛的情況，雖然他召集了不少支持者，賭這一把卻導致他喪命。這一賭本身就是個大災難，因為拿單藉此機會點醒了大衛，讓大衛從衰老無為的狀態中，最後一次行使了王的政治權力。亞多尼雅的政變差點害自己喪命，而新王所羅門也暫時免他一死。表面上，亞多尼雅應該了解自己當下的處境很危險，但至少他還活著，還能角逐王位。亞多尼雅還沒有放棄希望。顯然亞多尼雅以為他找到一個重新爭取權力的方式，竟大膽要求所羅門的母親讓他娶亞比煞為妻。亞多尼雅這個令人傻眼的舉動，背後究竟有什麼計算[12]，亞多尼雅難道完全不知道這個要求可能會讓所羅門產生疑心嗎？畢竟所羅門王正在找理由消滅競爭者。亞多尼雅再次失算，這個失誤也導致他喪命。這個事件告訴我們：權力會令人上癮，使人失去判斷能力；還有沈迷於取得權力的人需要付出慘痛的代價。所有握有某種程度權力的人，不管權力多寡，都碰過類似亞多尼雅這種人。這些人看似聰明、實則愚拙。

大衛死亡清單上的第二個關鍵人物是示每。示每不像約押，他沒有參與亞多尼雅的計謀，在大衛的人生中也沒有什麼重要的戲份。示每就是個邊緣人，便雅憫支派中一個憤怒的小人物，一直到（出身便雅憫支派的）掃羅的王位消失後，仍是掃羅家族的死忠支持者。押沙龍叛變，大衛離開耶路撒冷開始逃難時，碰到了示每，示每大聲咒罵大衛，吼著說：「你流掃羅家的血，接續他作王；耶和華把流這一切血的罪報應在你身上。」（撒母耳記下十六章八節）。

我們已經知道，大衛為使自己與掃羅和掃羅後嗣的死脫離關係，無所不用其極，不管這些人死因為何，大衛的權力都因此受益。大衛當然無法忍受示每的譏諷。示每當眾說大衛是篡位者，謀殺了原本的君王，滅絕了他的後裔，又偷走了掃羅的寶座，想也知道這是大衛最不想聽到的話。那時大衛忠誠的軍官亞比篩，也就是約押的弟弟，因為示每詆毀大衛王權的正當性，打算殺了示每。但是大衛當時似乎是真心感到羞愧，用嚴厲的話責備了亞比篩：

> 洗魯雅（Zeruiah）的兒子，我與你們何干？他咒罵，若是因耶和華告訴他要咒罵大衛，如此，誰敢說你為甚麼這樣行呢？大衛又對亞比篩和眾臣僕說，我親生的兒子尚且尋索我的性命，何況這便雅憫人呢？由他咒罵罷，因為這是耶和華告訴他的。或者耶和華見我遭難，為了今日這人對我的咒罵，就以好處回報我。（撒母耳記下十六章十至十二節）

這段經文我們在前面也已經引述過，記錄了大衛當時似乎接受、也認為自已確實該罵。感覺就像大衛外表善於算計的厚重外殼被穿透了，內心複雜的人性顯露了出來。押沙龍的叛變對大衛來說，似乎應驗了拿單的預言，是大衛殺害烏利亞應得的懲罰。這大概就是之所以大衛對於示每指控他弒君又篡位，沒有太過激烈的回應。若是大衛就這樣任由示每痛斥，也許神就會原諒他的過犯。

押沙龍的背叛勢力被殲滅後，大衛在回耶路撒冷的路上，第一個向他求情的就是示每。示每這下怕了，因為大衛沒死。亞比篩做人始終如一，再次提議殺了示每，藉著消滅敵對王朝的勢力，鞏固大衛的王權。但是大衛又再次責備亞比篩：

> 洗魯雅的兒子亞比篩回應說，示每既咒罵耶和華的受膏者，不應當為此處死他麼？大衛說，洗魯雅的兒子，我與你們何干，使你們今日作我的對頭呢？今日在以色列中豈可處死人呢？我豈不知今日我作以色列的王麼？於是王對示每說，你必不死。王又向他起誓。（撒母耳記下十九章廿二至廿四節，恢復本

中譯為廿一至廿三節）

戰勝者這樣寬宏大量，跟大衛第一次面對示每指控他弒君的態度，形成了反差。大衛這次沒有為自己的罪行表顯出真誠的懺悔，他忍受示每可能是為了在奪回王權之後與便雅憫支派和解。大衛暫且不管什麼榮譽和地位，可能還想讓自己與亞比篩，甚至是約押的殺人念頭脫鉤，因為大衛說了：「洗魯雅的兒子，我與你們何干」，洗魯雅的兒子（複數），就是整個故事中幫大衛打擊敵人的那群人。這就是大衛經典的政治作風：找來一堆惡棍替他執行秘密的骯髒任務，讓他自己可以在大眾面前脫身。大衛在遺囑中要兒子所羅門為約押犯下的罪行處決約押，就是他最後一次執行君王權力時，最後一次想辦法讓自己脫身：大衛和他姊姊洗魯雅的兒女「一點關係都沒有」？！

大衛最後的一番話，下令要所羅門讓示每見血入墳，提醒了讀者道德義務和政治算計是不可能完全分離的。結果就是，在「真實的政治」出現在世界的同時，手握大權的統治者在公眾面前強調的道德感，也可能只是為了達成不道德目的的工具。然而，掌權者不斷強調的道德，究竟有多少程度是統治者的政治工具？真的不得而知。示每只是大衛脆弱、逃難時，一個咒罵大衛的小角色。情勢反轉之後，大衛向示每起誓不會殺他。與洗魯雅的兒子約押和亞比篩的算計與仇恨相比，從文中我們實在沒有理由懷疑大衛謙卑、寬宏的表現只是在作戲。但是大衛在遺言中卻要所羅門殺了示每，也沒有在遺言中駁斥示每對他的指控，更沒有解釋自己為什麼反悔當初饒恕示每，凡此種種，又讓大衛的動機更難解讀、更加複雜。

大衛的謙卑和寬宏可能只是他當下的感受，不能反映他真實的個性，或許是因為王位的緣故，大衛個人真實的個性沒有顯露出來，或這又是另一齣道德大戲，就像大衛做王時經常上演的道德戲碼一樣[13]。因此，〈撒母耳記〉作者決定故事要寫到這裡，寫出大衛死前下令殺死示每：「使他白頭見殺，流血下到陰間。」（列王紀上二章九至十節，恢復本中譯為九節），這讓讀者再次注意到〈撒母耳記〉多次出現的一些中心思想：政治動機和政治行為間存在著模糊地帶；一旦取得政治權力，權力就會變成統治者用來操弄自己公眾形象的工具；統治者在執行權力的時候，總是規避／推卸責任；大權會影響統治者追求的目標；權力很容易讓瘋狂追求權力的人被禁錮在自己的世界裡。這些就是大衛的遺言。這些話是要讓他的兒子與後嗣知道，新的以色列王應當如何行事。作者用這樣的收尾來總結他對政治的洞見，作者描述大衛最後的日子，把讀者帶回整本書要探討的重要主題——政治動機的難以解釋和模糊地帶；手段和目的的雙重反轉；統治者運用智慧散佈官方版本的事件始末；在政治／生命出現危險時，被壓抑在心裡的基本道德感如何展現出來；對權力競爭者幾近瘋狂的執著；極度害怕背叛；遠端操控可以達成的政治免責；君王父親如何溺愛自己的兒子／後嗣而導致貪腐；宗族、支派間的血仇被統治者鎮壓，卻在統治者自家內浮出檯面，造成可怕的後果。

結論

〈撒母耳記〉作者對政治極具洞見，又是希伯來文學中最偉大的作者，但這位作者的身份至今是個謎。仔細閱讀〈撒母耳記〉引人入勝的文本，可以學到很多寶貴的智慧和洞見，我們卻不知道這樣優秀的一部書，作者究竟是誰，實屬可惜。不過我們仍可以推想寫下這個優秀故事的環境和條件。〈撒母耳記〉作者並非當時政治體系中的高官，因為從文本內容來看，〈撒母耳記〉是以旁觀者的角度撰寫的。作者也並非某個派系的發言人，不屬大衛黨派，也不屬掃羅黨派，也不是因君王制度崛起而被邊緣化的高階長老和士師。作者也不是史官，因為王室不可能讓史官寫出自己朝代的黑歷史，對創朝元老寫出這種複雜、模糊的描述。〈撒母耳記〉作者寫作手法不同於一般記錄偉人的方式，刻意模糊交代事情，所以他的文本才會這麼有力量[1]。因此，〈撒母耳記〉不是政治宣言，不是要煽動讀者支持某人，或是幫助某個政治派系、黨派或人物。〈撒母耳記〉是一本描繪「政治」的書，作者以旁觀者的角度在描繪這些政治派系，所以才能寫下這麼真實的政治理念傑作，把這些概念交織在精彩的歷史事件中。

〈撒母耳記〉的作者也不是以上帝的視角來撰寫，因為神本身也是戲中角色，顯然不是這個匿名的作者本人。然而，神在這齣劇中，必須找到、接受自己的新地位：在政治中退位，雖然這個政治與神的計畫相左。神在書中就像是退休的老闆，要重新調整自己的角色，因為當時祂的子民要的是一個「人」來做王，所以這個王也帶有人類的缺點。以色列君主制度首度建立起來的時候，神把以色列人頑梗抗拒神的王權，與過去以色列人敬拜別神相比，所以給了他們一個未能統一的王朝。神也警告以色列人，之後他們立的人類君王對以色列人濫用權力時，神不會再出手相救。神似乎是告訴以色列人：「你們不要我，好，那就這樣，我走。」當然，神最後並沒有這樣做。神並沒有隱居不管世事。

讀者可以從文中看出，神藉著先知撒母耳立了掃羅為王——這個王怎麼看都不是神。接著，神又要新王發起聖戰，但是這個聖戰對當時的政治情勢來說，根本不必要。後來，神選立大衛，與大衛立了永約，又在大衛犯罪時懲罰大衛。怎麼看，神都沒有從政治舞台上完全退休。但是比起過去神主宰一切的時候，神的行為模式有了巨大的改變。首先，神不再親自指揮作戰，反而在干預戰事時，有點順著事情自然發生，很難清楚界定哪些事件是神的干預。掃羅王朝的崩解是因為被非利士人打敗；能力高強又迷人的大衛，撐過了流亡和打游擊的階段，取代掃羅為王——這些事件都在快速變動、充滿危險的氛圍中發生，似乎不像神的計畫那般井然有序，彷彿神也沒有出手干涉。大衛犯姦淫又犯謀殺，這是先知拿單早就預言的事。簡言之，大衛的故事完美記錄了朝代政治的自然發展以及墮落。〈撒母耳記〉作者文中，神沒有從天上降下麵包給人吃，也沒有紅海分開的神蹟。神的介入，完全存在於政治之中[2]。神的作為完全依照政治運作的邏輯，彷彿可以說，神的供給、獎賞和懲罰，本來就存在於政治內部的運作機制。

〈撒母耳記〉作者顯然很熟悉王室和宗族政治，雖然他本身並非積極參與政治體系運作，但肯定是住在王室內，或曾是政界的一份子。當然，作者之所以這麼理解政治世界，不只是因為他很熟悉掃羅和大衛王室間發生的事。作者筆下很多內容其實是出自於他豐富的想像力。顯然，〈撒母耳記〉的故事中有很多細節都是創作，因為就算作者住在王室內或在權力中心，都不可能知道這麼多細節。例如約押派使者去稟報大衛關於烏利亞的死訊時，吩咐使者該說的話，以及使者在當面向大衛報告時，擅自微調了訊息內容。這些細節都不是公開的，只有當事人才有辦法知道（〈撒母耳記〉中描述的個人內心世界也是一樣的意思）。作者用傳統旁觀敘事者的方式來描述事件，再替這些歷史事件的架構，添補一些自己杜撰的細節。所以我們談到作者對於政治世界的一手資訊時，重點不在於他是參與歷史事件的「圈內人」，而在於作者對於政治世界的卓越洞見。

作者對政治世界的綜觀深入理解，深根於〈撒母耳記〉中政治的起源。政治主權的建立是為了處理急迫、攸關生死的人類問題和需要。對一個處在四面受敵、環境艱難的社群來說，藉由徵稅與徵兵的權力來集結防禦能力是非常重要的。組織鬆散、內部紛爭不斷的支派，上了戰場會特別脆弱，面對強鄰時更是如此。這種脆弱解釋了為什麼支派會想要找個合理的方式，想辦法團結一心。但是由中央集權來集結集體防禦資源，存在著根深蒂固的矛盾，這個矛盾位於政治世界的核心，作者也用超凡的文學筆法和鋪陳方式，描述了這個矛盾。

假使統治者政治權力大到可以保護人民、抵禦外侮，那麼統治者也會有能力濫用這些權力來對付自己的人民，或做一些跟集體防禦無關的事。**政治統治本來就存在著統治者背叛人民的可能性**，跟高階統治者的個人個性不一定有關。作者點出人類政治內存的矛盾，但並沒有建議廢除主權統治制度或是回到原本的神治制度，或回到君主制度出現之前那種疲軟無力、權力分散的社會制度，當時沒有法紀，每個人都照著自己看為正確的方式行事（士師記二十一章廿六節）。

〈撒母耳記〉文本專注描寫君主制度的黑暗面，不過作者無意抨擊這種制度。〈撒母耳記〉並非政策簡介，也不是憲政雛形。作者提到的政治面向並沒有建議改革或是提出其他更好的政治制度。書中給讀者的許多政治課程，並非要提倡合理、有價值的政治理念。〈撒母耳記〉並未推崇或提倡憲政制度中的依法治國、關心弱者、公民參與或人人平等。反之，作者把重點放在統治者會遭受到的懲罰。

然而，〈撒母耳記〉中仔細描繪的權力現象，帶領讀者穿透政府形式、公民參與的表面，看見更深層、更基本的政治層面。因此，無論現在的政權體系為何，意識型態為何，都可以參考〈撒母耳記〉的內容。〈撒母耳記〉在剖析主權時，不侷限於宗族社會的君主朝代制度，也適用於今日各種政治體制如福利國家、自由國家等，可以指明各種政治體制的重要特色。

〈撒母耳記〉文本揭露的基本政治架構中，存在著手段和目的的雙重反轉，這是政治權力密不可分的一部分。在第一種反轉當中，**權力是達成集體利益不可或缺的重要工具**，所以權力必須善加組織、規畫。但是攫取權力者，或是有意競逐大位的人，並不是從公眾的眼光來看待權力——人民認為政治權力是為了組織集體防禦而生；掌控政治權力者乃是從他們自己的角度來看待權力，這點無可避免。位階最高的政治統治者所享有的特權與地位，會讓他們失去自我，一不小心就把政治權力變成目的，把權力本身變成所謂的國家利益。**許多坐擁權力的人最後常濫用自己取得的權力來幫助自己鞏固權力，這點大家心知肚明**[3]。工具變成目的的可怕行為，會對許多政權造成負面影響。所以我們可以說，〈撒母耳記〉這個故事，寫的是政治結構的脆弱。

第二種把工具變成目的的行為，與第一種有很深的關聯，也瀰漫於各種不同的政體體系中。**想鞏固政權的統治者，會把真正的目的，例如聖、愛、忠誠、道德義務等，變成手段**。這就是政治行為中，把不該被利用的東西工具化，成為政治行為的定義，這也是政治一個下流的特徵。這不僅會對那些想要爭奪權力的人造成負面影響，已經取得權力，被權力箝制住的人，也是一樣。這很容易造成充滿疏離、不信任、偏執的環境，最後演變成暴力。

工具和目的的雙重反轉，也可能發生在人類世界中的其它範疇。金錢似乎也會遇到類似的問題，也就是金錢本身變成一個為人垂涎的目的。但是在政治權力的範疇中，這種反轉會造成很大的影響。作者探討的雙重反轉中，造成很多影響，讓政治行為變得模糊。

人民不確定統治者在伸張正義時究竟是真實反映正義，還是私底下動機不良，這就是政治環境。然而政治行為的模糊，如同掃羅和大衛的故事，其實還有更深的層面。政治統治者的行為究竟出於道德或策略，真的無從得知，這不只是因為外人無法讀懂統治者的心思，也是因為義務和算計、道德和工具，這些面向本來就很容易被放在一起，在統治者的心中融合。多重、參雜的動機，意味著要揭發至高無上的統治者的「真面目」，暴露統治者「道德表面」背後真實的想法，其實是對於動機和正義間的理解過度二元化。**政治主權無論如何一定會在這種模糊的結構底下運作**，這也是〈撒母耳記〉作者點出的另一個震撼政治觀念，並在今日仍持續出現。

人民不確定統治者的動機，而事實上，統治者本人也不完全確定自己的動機。高高在上的統治者需要靠其他人提供的資訊來了解事件的樣貌，而統治者因為有極大的權力，這種權力可以帶來益處，也可能造成傷害，所以他的親信或其他人也會因此調整自己提供給統治者的訊息，藉此圖利自己或是自己所屬的派系。統治者把追隨者當成工具，這又更加導致統治者與現實脫節，並會因為錯誤的訊息而處於脆弱狀態。

在這樣的情況下，就會造成統治者產生可怕的疑心，以及全面的信任崩潰。不過，統治者的病態疑心並不會因此減輕，做決策時誤判的可能也不會降低。統治者身邊會有很多貪圖權力或嫉妒他地位的人，有時候統治者也會把自己對權力的欲望錯誤地投射到這些人身上，所以很容易出現有人要陷害他的恐懼與不安，這種心理狀態很容易影響統治者的行為模式。政治權力至高無上、遠不可及的特性，對統治者造成的壓力甚至比人民更甚，掃羅王的例子就是這樣。各種不同形式的政體都會遇到獨特的問題，而統治者的孤立，讓我們看見了〈撒母耳記〉作者的另一個關鍵洞見，就是**政治暴力**。

作者用了二十三節的篇幅來描述掃羅的挪伯祭司大屠殺，再加上描繪大衛謀殺烏利亞的章節，讓讀者看見兩種不同的暴力面貌。第一起事件著重在「暴力」與「欠缺安全感」兩者的關係，第二起事件則是源自於王權的暴力。掃羅的焦慮導致他不信任身邊的人，懷疑他的軍人和臣僕之所以對他忠信，只是為了伺機崛起，若是出現軍力更強大的競爭者，他們就會投靠敵方。掃羅王室天高地遠、與世隔絕，使掃羅失去了一般常理的判斷能力，以為自己是遭受不公平對待的被害者，即便他當時根本在追殺大衛。

於是他的顧影自憐，成了暴力前奏曲。掃羅因為軍隊無能，抓不到大衛，便把怒氣轉向亞比米勒以及完全無辜的挪伯祭司們，派不受宗教良心約束的忠信外族傭兵，犯下自己人不願執行的不義之罪——這顯示出統治者高度依賴自己的軍隊、掃羅的罪行源自主權統治等兩個核心特色，尤其掃羅的狀況又是與世隔絕，擅自濫用周遭對他言聽計從的人。這種至高無上的權力是個大磁鐵，會吸引謊言，這又是統治者容易掉入偏執懷疑之中的另一個原因。在掃羅的故事裡，掃羅極度害怕被自己的手下背叛，這是因為擁有至高無上行政權的人被孤立在王室中——不論他的王位是繼承而來，還是在心不甘情不願的情況下突然黃袍加身。

當統治者發自內心感到極度不安，就很危險，任何形式的政體都是這樣。挪伯祭司屠殺事件記載詳細，顯示出這種焦慮偏執的可能後果。這種焦慮偏執有個特色，就是統治者的恐懼並沒有清楚明確的對象，所以焦慮偏執的心理狀態就很容易被操弄、導向、放大。焦慮偏執引發的暴力會越演越烈，也會濫殺無辜，因為這種暴力是不受控、不受約束的惡性循環，充滿憤怒，亂設假想敵，而且毫無根據。

政治的另一個關鍵特點以及政治權力難以抗拒的原因，就是**階級架構可以促成集體行動**。主權政體制定了命令的階層關係鏈，也建立了仔細的行政分權制度，所以更能有效集結眾人的力量、組織團隊、集體行事。但是當統治者把政治機器用來對付自己的人民，這種為公眾利益而建立的政治基礎架構，就會讓統治者有機會對人民行使不合理的暴力，還能免責。統治者建立起一條很長的權力鏈方便自己行事，但是這樣統治者若要從事犯罪行為，就可以下令他人代為執行，**每個行為者的行為加總之後，責任分散了，就很難釐清這件事情誰該負責**，且使得最高統治者可以否認自己的意圖，得以豁免罪愆。〈撒母耳記〉作者在描述烏利亞謀殺事件時，也巧妙地利用大衛遠端「差派」的方式，討論了上述現象。藉由模糊行為人來脫身的這種行為，在大衛這段話中看得最清楚：「刀劍吞滅這人或吞滅那人，沒有一定的。」這段話是政治文學中最經典的政治免責紀錄。

〈撒母耳記〉文本也更仔細探究了權力運作方式的細節，揭露由權力鏈來行使職權可能造成的另一個可怕後果。從〈撒母耳記〉的記載中可以看出，**權力鏈中每一個角色都有一定程度的自主性**，下屬為了保護自己，所以執行時會略加修改統治者的命令，但這樣會讓當初清楚下達的犯罪命令，產生更致命的後果。〈撒母耳記〉作者點出統治者權力鏈中的從屬關係，下屬暗中從事國家機密的行動，所以要監控每一個人的行為其實很困難，這樣一來，雖說下屬是替統治者犯罪，但統治者也可能因此受到威脅。〈撒母耳記〉從觀察政治主權和集體政治行動的起源，理出了政治免責和脫鉤的模式，可怕的是，這種模式到今天依然存在。

政治主權的延續又是另一個可怕嚴肅的政治問題。權力必須順利和平地轉移，這源自於一種合理的焦慮，也就是在無政府的過渡期，群體在面對外侮或內戰時，會變得非常脆弱。若不能建立繼位方式的共識，國家就會非常不穩定、不安全。然而，朝代制度雖確保政權能延續下去，卻跟政權的存在本身一樣，充滿了許多自我毀滅的可能。

〈撒母耳記〉的作者並未討論朝代制度解決政權延續問題的方式。作者寫〈撒母耳記〉主要是著重於中央集權政體付出的代價，這個代價不僅人民要承擔，就連統治者和統治者的後代也必須承擔，書中也探討家族之愛與政治野心交織時會產生的問題，以及當王室家族成為轉移政權的手段時，王室的核心成員可能會走上毀滅一途。政治延續的問題與集體行為的問題都有待解決。然而如此深層的社會問題，很難有最佳解決方式，因為所有解決方式都會引發其他問題，問題接踵而來，環環相扣，每個都很難解。

大衛在做王的第二階段謀殺了烏利亞，大衛王政治光環開始衰退，接著又發生了大衛兒女們包含他瑪、暗嫩、押沙龍以及亞多尼雅的事件，這些都是大衛的付出代價。而大衛政治權力的最大代價，還是大衛最終的錐心之痛：我兒押沙龍阿！押沙龍，我兒，我兒阿！我恨不得替你死！押沙龍，我兒，我兒阿！（撒母耳記下十九章四節）極權統一的君主制度照理應該平息以色列眾支派的內戰，但內戰反而在王室內部展開了。同樣地，掃羅和大衛王朝間你死我活的戰爭，也滲透了大衛家中，引起致命的針鋒相對。也就是說，朝代世襲制度解決政權延續的方式，但其實並沒有解決政權暴力轉移的問題，反而是造成了這個問題。從這段故事可以看出以下幾個特點：王位候選人被灌輸自己有權做王的概念，因此缺乏耐性；無權角逐王位的近親的嫉妒；敵軍和君王宗教高層的計算——而這些都造成了派系、陰謀、暴力。

我們必須說，他瑪強暴事件、襲殺暗嫩事件，以及押沙龍的陰謀，在〈撒母耳記〉的故事中跟政治權力的關聯，比在非朝代制度的政體中高。民主的政黨輪替確實可能是一種替代方案，用來改善派系角逐政權的現象，執政黨不需要殺掉在野黨的領導者與核心人物。後來出現的司法、行政分立也有類似的穩定作用，當初大衛就是因為司法行政合一，所以押沙龍叛變的時後，大衛才會變得這麼脆弱。雖然後來出現了新的、較有規範的政治體系，但是直到今日，〈撒母耳記〉中詳細記載的暗中暴力，還是存在於很多政體之中，不僅於僅存的少數君主政體。

作者費心直白地在書中揭露了政治體系中的結構緊張和衝突，卻沒有否認政治體系的必要性和中心概念，留給讀者很多寶貴的洞見。我們今日讀到的〈撒母耳記〉也是文學世界的創舉。〈撒母耳記〉寫下的故事都是政治起源時，作者自己身處的環境中發生的事，作者在這個政治起源的當下記載了這些事件，讓讀者能從前所未有的清晰角度來思考、理解政治。〈撒母耳記〉就像是一本指導手冊，對政治感興趣或身處政治圈的人，不管是君王、官員、人民，都可以參考。〈撒母耳記〉對這些人來說，就像一面明鏡，閱讀時可以對照自己的環境，有時也能藉著閱讀〈撒母耳記〉，在政治上可能出錯的地方，找到解決方式。〈撒母耳記〉的啟示是作者的見證。作者的親眼見證可以總結為：「以色列人出於必要，展開了一場危險的政治旅程。從這個政治旅程最初期的階段，可以最清楚看見、分析其內在問題。這本書就是我對這場政治旅程的紀錄。請仔細閱讀我所見證的一切，以及我要告訴你的訊息。」

謝辭

本書中的主要概念取自我們在紐約大學法學院（NYU School of Law）舉辦的一場〈撒母耳記〉（Book of Samuel）研討會內容。我們深感榮幸，可以在紐約大學法學院一向踴躍的教職員研討會中，發表本書的其中一章。感謝我們的學生、同事提供寶貴的想法與建議。撰寫本書的經費來自紐約大學法學院的費羅門・德奧古斯提諾與馬克斯・E・格林堡研究金（Filomen D'Agostino and Max E. Greenberg Research Fund）。

衷心感謝提供批評指教與支持的同事、好友：大衛・柯恩（David Cohen）、喬恩・埃爾斯特（Jon Elster）、湯姆・葛根（Tom Geoghegan）、朗尼・顧德斯坦（Roni Goldstein）、安妮特・霍克斯坦（Annette Hochstein）、肯・喬維特（Ken Jowitt）、喬博・金寶（Job Jindo）、黛安

娜・利普頓（Diana Lipton）、維維安・李斯卡（Vivian Liska）、瑪夏・裴利（Marcia Pally）、艾拉納・帕德斯（Ilana Pardes）、丹・裴卡斯基（Dan Pekarsky）、艾蜜莉・羅爾提（Amélie Rorty）以及普林斯頓大學出版社眾多讀者的精闢回饋和建議，這些回饋與建議都對本書大有幫助。特別感謝托比・佩羅・佛力契（Toby Perl Freilich）和葛蘿莉雅・歐里吉（Gloria Origgi）對本書概念發想的貢獻以及對書稿提出的各種細節建議。

最後要感謝我們的編輯：普林斯頓大學出版社的佛萊德・艾波（Fred Appel）不斷鼓勵我們、提供寶貴建議。

註釋

前言

1. Without focusing on the literary qualities of the Book of Samuel, we have nevertheless benefited enormously from the works of those scholars who made this their principal concern. Meticulous readings of the literary dimensions of the book can be found in Jan P. Fokkelman's four-volume work, Narrative Art and Poetry in the Books of Samuel (Assen: Van Gorcum, 1981–1993). Sensitivity to the literary qualities of the book also marks the running commentary of Shimon Bar-Efrat, 1 and 2 Samuel: With Introduction and Commentary 2 vols. (in Hebrew), (Tel Aviv: Am oved, 1996). Robert Alter shrewdly explores the literary dimensions as well in the copious annotations to his translation of Samuel. Moshe Garsiel's book Samuel, In the World of the Bible: 1 and 2 Samuel, 2 vols. (in Hebrew) (Tel Aviv: Revivim, 1984, 1989), too, examines narrative techniques and structures. Yair Zackovitch's David from Shepherd to Messiah (in Hebrew) (Jerusalem: Ben Zvi, 1995) also concentrates on the literary qualities of the work, highlighting among other features the mirroring technique by which the author of the Book of Samuel alludes implicitly to other biblical narratives. Another interpretation of David's character and role based on a literary reading can be found in Paul Borgman, David, Saul, & God: Rediscovering an Ancient Story (oxford: ox- ford university Press, 2008).

Deserving special mention among many individual essays devoted to literary analyses of narrative portions of the book is Meir Sternberg, The Poetics of Biblical Narrative: Ideological Literature and the Drama of Reading (Bloomington: Indiana university Press, 1987), chapter 6, devoted to the narrative of the killing of Uriah. Uriel Simon has writ- ten three essays that concern the literary analysis of some of the narratives discussed below, including the narrative of "Saul in Ein-Dor" and "that man is You" in his Reading Prophet Narratives, translated from Hebrew by Lenn J. Schramm (Bloomington: Indiana university Press, 1997) chapters 3 and 4; and also "Abigail Prevents David from Spilling Blood: Political Violence in the Bible" in Seek and Pursue Peace (in Hebrew) (Tel Aviv: Yedihot Achronot, 2002), pp. 177–217. Simon responded to Perry and Sternberg's essay in "An Ironic Ap-proach to a Bible story: on the

Interpretation of the story of David and Bathsheba," Hasifrut 2 (1970) pp. 598–607; Shimon Bar-Efrat, Narrative Art in the Bible (London: Bloomsbury, 2004), pp. 239–82, devotes an extensive chapter to the Amnon and Tamar story.

2. The Question of whether the Book of Samuel had one author in the strict sense of the term is a matter of heated scholarly debate. Following Martin Noth's Deuteronomistic theory, first published in 1943, a scholarly trend emerged claiming that the book was based on pre-existing material and heavily edited by a Deuteronomistic redactor or compiler, and thus that no single coherent voice is present in the book. Instead, according to this school, an early layer has to be laboriously uncovered by stripping away the strong and essentially distorting editorial voice that was added at a later date. This argument is developed at length in two volumes by Robert Polzin, Samuel and the Deuteronomist (Bloomington: Indiana university Press, 1993) and David and the Deuteronomist (Bloomington: Indiana university Press, 1993). For an extensive and updated scholarly discussion of the debate, see the collection of essays in Is Samuel Among the Deuteronomists? Edited by Cynthia Edenburg and Juha Pakkala (Atlanta: society of Biblical Literature, 2013). We concur with those who argue that the Deuteronomistic impact on Samuel is negligible. Besides mi- nor additions along the way, only two chapters (not analyzed in our book), 1 Sam 12 and 2 Sam 7, were added by a Deuteronomistic scribe. These two chapters convey the Deuteronomistic tradition both in content and style. Another addition that was later appended to the book and that is alien to the work's literary voice and concerns is 2 Sam 21–24, though this add-on, as it happens, does not belong to the Deuteronomistic tradition. Our second and third chapters deal with long narrative sequences composed, in our view, by a single author who is clearly in full command of the subject. The texts that we discuss in these two chapters belong to the unit that biblical scholars call the "Succession Narrative," which extends from 2 Sam 9 to 2 Sam 20 and also includes the first two chapters of 1 Kings. The unity and scope of the succession narrative were first analyzed and discussed by Leonhard Rost, Die Überlieferung von der Thronnachfolge Davids (Stuttgart: W. Kohlhammer, 1926). Rost's perspective was embraced by Gerhard von Rad, "The Beginnings of History Writing in Ancient Israel," in The Problem of the Hexateuch and Other Essays, translated by E. W. Tureman (New York: McGraw-Hill, 1955), pp. 166–204. An extensive monograph devoted to further analyzing the unity and aim of this long narrative section is Roger Norman Whybray, The Succession Narrative: A Study of II Sam. 9–20 and I Kings 1 and 2 (Na- perville: SCM Press, 1968). Their view of the unity of authorship and aim of the succession story was challenged by Shimon Bar-Efrat, "The Succession Story of David's Throne: A Renewed Examination of an Accepted Position," in Isaac Arieh Zeligman's Book, vol. 1, edited by Y. Zakowitch and A. Rofe (in Hebrew) (Jerusalem: Rubinshtein Press, 1983), pp. 185–211.

In our judgment, proponents of the single-authorship hypothesis are correct. As will become clear as our analysis unfolds, only unity of authorship can explain the complete command of the materials so brilliantly displayed in the succession narrative, especially starting from 2 Sam 11. In other sections of the Book of Samuel, however, especially in the sections we analyze in our first chapter, the same author was at times incorporating previous sources and small narrative units that stemmed from diverse traditions, attempting to weave them into a coherent story. This conclusion can be inferred from the various duplicates or "doublets" that appear in the story, such as the two stories of how David entered Saul's court—1 Sam 16:17–23 and 1 Sam 17:17– 18:5. (The verse at 1 Sam 17:16 is a rather crude attempt at harmonizing these two sources). Other repetitions that might have their origin in different traditions recycled by our author include the three coronation stories of Saul—1 Sam 9:1–10:16, and 1 Sam 10:17–27, and 1 Sam 11:12–15. Similar retellings appear in the story of Saul's pursuit of David, which includes two attempts by Saul to kill David—1 Sam 18:10–13 and 1 Sam 19:9–10. Another example is David's twice-over refusal to kill Saul when he has the chance. The two versions of this carefully staged nonregicide seem to reflect two different traditional accounts of the same event (1 Sam 24:2–22 and 1 Sam 26:1–25). It would thus be more accurate to claim that in these passages, unlike what we find in the succession narrative, one and the same author worked with preexisting traditions and materials, plaiting them into a coherent narrative of his own. The divergence in the degree of co- herence and internal consistency and flow between 2 Sam 11–20 plus I Kings 1–2 and the rest of the narrative is based on differences be- tween the inherited stories being retold. In narrating the rise of Saul, his competition with David, his eventual demise, and the establishment of David's monarchy, our author created a relatively consistent and well-crafted, novel-like narrative. Yet because of its epic qualities, dealing as it does with the rise of two kings and the struggle between them and spanning a narrative arc that encompasses momentous historical events, this chronicle had to incorporate familiar lore that had long been widely circulating concerning Saul and David. Not including them, our author must have concluded, would have severely impugned the credibility and detracted from the acceptability of the narrative.

Rather than expurgating well-known but repetitive or contradictory characterizations and occurrences, therefore, the author did his best to weave them into a coherent whole, using them selectively to develop his characters and to explore the inner workings of power politics. Narrating David's story without mentioning, for example, that he was a gifted musician brought to Saul's court on that account, would have departed too radically from what everyone knew or thought they knew about David. In the more compact succession narrative, by contrast, the author was able to zoom in, concentrating on particular episodes that must have been relatively unencumbered by traditional storylines given their relatively narrower time scope. This enabled the author to be in much fuller command of the narrative development in 2 Sam 9–20 and 1 Kgs 1–2 than in the earlier parts of his story.

3. See for example Walter Dietrich, who develops the idea of an inde-pendent northern origin of the Samuel-Saul narrative in his book The Early Monarchy in Israel: The Tenth Century BCE, translated by Joachim Vette (Atlanta: society of Biblical Literature, 2007), pp. 174–77, 247–48, 272–74. For a "northern" source of the Saul-and-David cycle and the diverse ways in which the story has been parsed in the scholarship in relation to promonarchical and antimonarchical sentiments, see P. Kyle McCarter in his introduction to the commentary on Samuel in the Anchor Bible series, 1 Samuel (New York: Doubleday & Company, 1980), pp. 18–23. See also Walter Brueggemann, David's Truth: In Israel's Imagination and Memory (Philadelphia: fortress Press, 1985), who argues, among other things, that the complexity of the narrative can be explained in part by an editorial decision to combine pro-David and anti-David sources. This view of two different sources and authors, one narrating David's rise to power and the other telling the story of David's reign, has become common in the scholarship. The proposed division depends on the alleged pro-David and anti-David tone of these sections, though

scholars disagree on the exact identity of the passages belonging to the two supposed sources. See Jakob Grønbaek, Die Geschichte vom Aufstieg Davids (1.Sam – 2.Sam.5): Tradition und Komposition, (Copenhagen: Munksgaard, 1971), pp. 25–35. For another important and meticulous attempt at reconstructing the multiple voices allegedly audible in the text, their sequence, and their composition in relation to their political and historical aims, see Jacob l. Wright, David, King of Israel, and Caleb in Biblical Memory (cam- bridge: Cambridge university Press, 2014). An important contribution of this book is Wright's original emphasis on political dimensions such as the role of war memorials and narratives in shaping political status and prestige.

4. Prominent examples of this approach are P. Kyle McCarter, "The Apology of David," Journal of Biblical Literature 99 (1980), pp. 489–504; Baruch Halpern, David's Secret Demons: Messiah, Murderer, Traitor, King (Cambridge: Eerdmans, 2001); Steven L. McKenzie, King David: A Biography (New York: oxford university Press, 2000); and Joel Baden, The Historical David: The Real Life of an Invented Hero (New York: harper, 2013). In the innumerable commentaries on the Book of Samuel, attitudes toward the character of David run the gamut from an apologia that can never fully erase all taint, since the actual historical reality that needed to be retold and smoothed over was far worse (as argued by the authors just cited), to the claim that the book is a rather incoherent narrative reflecting David's sheer "luck" and God's arbitrary and problematic choices, including God's rejection of Saul for no real reason and his decision to embrace the lecherous and treacherous David instead. Representative of this last approach is David Gunn's The Story of King David: Genre and Interpretation (Sheffield, England: Jsot Press, 1978). To get a flavor of how polarized Samuel scholarship can be, compare Robert Polzin's David and the Deuteronomist, which interprets the book as a post-exilic excoriation of monarchy aimed at revealing the extent of David's failures, with Paul Borgman's David, Saul, & God: Rediscovering an Ancient Story, which argues strongly for David's exemplary greatness. This Dazzling array of mutually inconsistent reactions by careful readers of the Book of Samuel suggests how little can be gained from turning the quest for a partisan agenda into the centerpiece of one's investigation. A more nuanced view, rejecting attempts to distill the political purpose of the book from its literary spin, is articulated by David A. Bosworth in "evaluating King David: old Problems and recent scholarship" Catholic Biblical Quarterly, 68 (2006), pp. 191–210. for a rejection of both the apologetic and adversarial options, see as well Nadav Na'aman, "Saul, Benjamin and the emergence of Biblical Israel (Part 2)," Zeitschrift für die Alttestamentliche Wissenschaft, 121 (2009), pp. 342–48.

5. For recent important biographies of David, see Jonathan Kirsch, King David: The Life of the Man Who Ruled Israel (New York: Ballantine Books, 2000), Robert Pinsky, The Life of David (New York: Schocken Press, 2005), and David Wolpe, David: The Divided Heart (New Haven: Yale Press, 2014).

6. In his book The Hebrew Republic: Jewish Sources and the Transforma tion of European Political Thought (Cambridge: Harvard university Press, 2012), Eric Nelson examines the extensive references to the Book of Samuel in early modern political thought. Joshua Berman's book Created Equal: How the Bible Broke with Ancient Political Thought (Oxford: Oxford university Press, 2011), is the most ambitious attempt to date to unearth the sources of modern Western political ideals in the biblical tradition.

7. Critics of our approach might argue that the Book of Samuel presents us not with a masterpiece of political theory but only with a masterful political narrative about dynastic politics in an archaic, clan-based society. Such an objection to our reading implies that we have in some way extracted a series of theoretical claims about sovereign power in general from a particular history of the unified monarchy that would support a variety of other ideas as well. While understanding the source and rationale of this charge, we do not find it persuasive. Our author is no mere reporter of events; he is an all-knowing narrator who adds to what would otherwise be a skeleton of historical materials a detailed and artfully constructed account stemming from his creative and fertile mind. He has carefully crafted his narrative to accentuate structural and dynamic patterns that continue to reappear throughout political life even today. As we shall see, for example, in chapter 2, dealing with the unleashing of political violence against innocent subjects, our author fashions a series of dialogues that in principle could be known only to the interlocutors. Therefore, these intimate exchanges cannot be read as a mere reporting of events. They are obviously imagined and invented by the author. Through them he subtly explores the way the very indeterminacy of the object of the ruler's paranoid suspicious- ness makes it liable to manipulation and expansion, leading to irrational overkill, and how the hierarchical organization indispensable to the state-building project not only gives the ruler the capacity to act through a series of emissaries and proxies, but also offers easy deniability, encouraging the ruler to develop intentions that would never occur to agents held responsible for their actions. The author of the Book of Samuel constructs his narrative in order to bring these structural themes into high relief, among other reasons. Casting these themes in narrative form does not detract from but rather adds to their theoretical subtlety and power. It is for this reason that our reading should be understood not as an attempt to extrapolate theoretical lessons from a rich political narrative but rather as an attempt to uncover the central theoretical themes embedded by the author throughout the narrative.

8. As background to the narrative, Whybray's The Succession Narrative stresses the Egyptian wisdom literature that emerged and was directed to court advisers and officials. Yet the kind of prudent advice for rulers to which he helpfully draws our attention does not reach the penetrating level of the Book of Samuel's explorations of power.

9. The question of the historicity of the Samuel narratives involves two indirectly related issues. The first concerns the time of the writing of the book and the second relates to the extent to which its narratives portray historical reality. Scholars have assigned different dates for the composition of the body of the book. one opinion is that the book was written in close proximity to the events to which it refers, namely that it was authored around the late tenth century BCE. Another opinion is that the book was composed in the late eighth century or early seventh century BCE, three hundred years later than the events it presumes to relate. Still another opinion is that it was written as late as the fifth or fourth centuries BCE. A parallel divergence marks the scholarly discussion of the second issue, the historicity of the narrative. scholarly opinions range from (a) the maximalist view that sees the narratives as genuine sources for historical reconstruction even when not supported by other reliable evidence such as material or archeological findings, through (b) the view that indeed Saul and David existed as historical figures, even if the glorifying of David's kingship and its territorial aggrandizement has been highly

inflated, implying that the unified monarchy is an invention that was achieved only later and that the historical David was actually a local chieftain residing in a midsize village called Jerusalem, to (c) the minimalist view that interprets the stories as completely fictional, having never been vindicated by any archeological evidence, and implying that neither Saul nor David ever existed. Naturally, the minimalist view is prevalent among scholars who date the composition of the text to the fifth or fourth century BCE. A good summary and discussion of the debate concerning the second issue appears in Israel Finkelstein and Amihai Mazar, The Quest for the Historical Israel: Debating Archaeology and the History of Early Israel, edited by Brian B. Schimdt (Atlanta: Society of Biblical Literature, 2007) pp. 101–39. For useful overviews of the debate concerning the time of the writing and composition of the book, see Moshe Garsiel, "The Stages of the Composition of the Book of Samuel, Its Literary Aims, and Its Value as a Historical Source" (in Hebrew), Beit Mikra 54, 2 (2009), pp. 21–69; Moshe Garsiel, "The Book of Samuel: Its Composition, Structure, and Significance as a Historical Source," Journal of Hebrew Scriptures 10 (2010), pp. 2–42; and Walter Dietrich, Die Samuelbücher im deuteronomistischen Geschichtswerk (Stuttgart: Kohlhammer, 2012). It is tempting to plunge into these debates and stake out one position or another. But the political insights of the Book of Samuel and their structural significance, on which we will be focusing, are independent of the questions of when the book was written and to what degree it is historically accurate or entirely fictional.

10. See Baruch Halpern, The Constitution of the Monarchy in Israel (Chico: Scholars Press 1981).

11. For a classic formulation of the ancient Near eastern political theology of monarchy, see Henry Frankfort, Kingship and the Gods: A Study of Ancient Near Eastern Religion of Society and Nature (Chicago: Chicago University Press, 1948).

12. For the standards to which kings in the ancient Near East were ostensibly made accountable, see Haim Tadmor,"Monarchy and the Elite in Assyria and Babylonia: the Question of Royal Accountability," in The Origins and Diversity of Axial Age Civilizations, edited by s. N. Eisen- stadt (Albany: State University of New York Press, 1986), pp. 203–324. Peter Machinist has provided an illuminating list of critical state- ments on the failures of kings to comply with the standards that they were expected to respect in his article "Hosea and the Ambiguity of Kingship in Ancient Israel," in Constituting the Community Studies on the Polity of Ancient Israel, In Honor of Dean MacBride Jr, edited by J. t. Strong and S. S. Tuel (Winona Lake.: Eisenbrauns, 2005), pp. 174–77. See as well Garry N. Knoppers, "Dissonance and Disaster in the Legend of Kitra," Journal of the American Oriental Society 114 (1994), pp. 572–82.

13. On the rejection of monarchy in early biblical political theology and the ideology of the Book of Judges, see Martin Buber, Kingship of God, translated by Richard Scheimann (New York: Harper & Row, 1967); Ye- hezkel Kaufmann, The History of Israel's Faith (in Hebrew) (Jerusalem: Bialik Press, 1965), vol. 1 pp. 686–708, vol. 2 pp. 95–99, 160–62, 371– 74, 397–400; George E. Mendenhall, The Tenth Generation: The Ori gins of the Biblical Period (Baltimore: Johns Hopkins University Press, 1974), pp. 1–31.

14. "And the men of Israel saw that Abimelech had died and each man went back to his place" (Judges 9:55).

15. The concluding chapters of the Book of Judges (19–21) present a con- dition of radical disunity that culminated in a bitter civil war. The nar- rative of these three chapters, which seems to convey a sharp internal critique of the political theology of the book itself, introduces

the events that led to the civil war with the verse, "In those days, when there was no king in Israel" (Judges 19:1). The narrative ends portentously with the very same formulation but emphasizing this time that the absence of monarchy spells utter anarchy: "In those days there was no king in Israel. Every man did what is right in his own eyes" (Judges 21:25). Scholars, however, debate whether this was an original section of the book or a later addition. For that debate, see Moshe Eilat, Samuel and the Establishment of the Monarchy (in Hebrew) (Jerusalem: Magnes Press, 1998), pp. 61–2 and footnote 20.

16. Michael Walzer, in his book In God's Shadow: Politics in the Hebrew Bible (New Haven: Yale University Press, 2012), argues convincingly that God's overwhelming political presence throughout biblical literature didn't allow for the carving out of a worldly space capable of supporting the emergence of autonomously human and therefore authentically political action. In light of Walzer's analysis, the Book of Samuel represents a moment of breakthrough within biblical literature precisely when God relinquished his monopoly over politics, that is, when Israel's unified and dynastic monarchy emerged.

17. Isaiah 11 and Daniel 4 provide other striking examples of the mythic political theology of kingship.

18. Moshe Eilat, Samuel and the Establishment of the Monarchy, pp. 57– 80; and Matityahu Zevat, "The Biblical Narrative of the Establishment of the Monarchy" (in Hebrew), Tarbiz 36 (1967), pp. 99–109. Although, when "all the elders of Israel assembled and came to Samuel at Ramah," saying to him: "set over us a king to rule us, like all the nations" (1 Sam 8:4–5), what they went on to establish was by no means a slavish copy of neighboring political systems. Baruch Halpern stresses the singularity of the new Israelite monarchy in his important observation that this "is the only text in the ancient Near East to describe the introduction of kingship to a society as a human political decision" (David's Secret Demons, p. 18).

19. For this observation see Shimon Bar-Efrat's commentary (p. 127). See as well Moshe Garsiel's observations on Samuel's speech that includes, among other elements, an ominous repetition of the verb "to take," and moves from the harsher to the lighter—the taking of the sons and daughters to the seizure of property. "Samuel's Speech Concerning the Law of the King" (in Hebrew), Thought in the Bible 5 (1988), pp. 112–36. As another commentator suggestively remarks, "from Samuel's description one would hardly think that a national army could benefit anyone other than the king." Lyle Eslinger, Kingship of God in Crisis. A Close Reading of 1 Samuel 1–12 (Sheffield: Jsot Press, 1985), p. 273.

第一章

1. On 9:10, see Robert Alter's annotation to his translation (p. 48); Walter Brueggemann, First and Second Samuel (Louisville: John Knox Press, 1990), p. 71; and Georg Hentschel, Saul: Schuld, Reue und Tragik eines "Gesalbten" (Leipzig: Evangelische Verlagsanstalt, 2003), p. 41.

2. The implication that David scripted his own accession to the throne is reinforced by the story of how Saul was swept unwillingly into the kingship, following a script written wholly by others.

3. Saul's self-effacing protest of unworthiness could represent a purely conventional way to respond to an offer of an important role and title. In this case, however, given the way the lad takes the initiative in his dialogue with Saul, the humility seems genuine. In other instances where lads appear (some to be discussed below), they are consistently presented as mere pawns of the powerful. Saul's hesitant exchange with his lad is therefore a revealing exception.

4. The sequence of the three coronations is considered by some scholars to be another sign of the multiplicity of voices and sources sutured together in Samuel's text. Yet, even if these narratives derive from different traditions, in our author's hands they serve to dramatize the historical novelty of monarchy, its origin in the popular demand for national security, the difficulties encountered in establishing it against the will of high religious authorities, and the complex relation of Saul to power, especially his palpable reluctance to seize it.

5. 1 Sam 10:8.

6. on Samuel's problematic timing and his ambiguous intentions, see Robert Polzin, Samuel and the Deuteronomist, pp. 129–30, and Robert Alter's notes in his commentary to Samuel 13:10 and 13:14, pp. 72–3. This potentially critical view of Samuel is supported by the narrative's effort to portray Saul's dire situation and the pressures he was under. The ambivalence towards Samuel in our text begins already at the moment when Samuel is said to have futilely hoped to ensconce his corrupt sons as his heirs. His feeling of being betrayed by the people's demand for a warrior-king pervades the entire narrative. It is noteworthy that, later on, the ghost of Samuel mentions only the failure to carry out God's commands about the Amalekites, not Saul's offering a sacrifice in Samuel's absence, to explain why God turned away from Saul (1 Sam 28:18–19).

7. Samuel might have prophetic insight into the future election of Saul's substitute, as David Kimchi, the medieval interpreter of the late twelfth and early thirteenth century from Provence, claims; but Samuel's prophetic gifts, if they are being exercised here, do not account for the fact that the prophet used the past tense, emphasizing that Saul's successor has already been elected.

8. To be sure, since Saul was bringing the best of the livestock to Gilgal to sacrifice at God's temple (and may even have been bringing Agag there for execution), he cannot reasonably be condemned for intending to use the booty for basely human purposes. This line of argument, assuming that Saul is being punished disproportionately for the breach of a cultic technicality, is developed in David m. Gunn, The Fate of King Saul (Sheffield: Jsot Press, 1980), pp. 41–56. For the seeming triviality of the sins for which Saul's dynasty was forever cut off, also see J. Alberto Soggin, Introduzione all'Antico Testamento (Brescia: Paideia, 1968), pp. 250–51.

9. For some speculations for the meaning of Samuel's grief over Saul, see Alter's note on p. 94; Walter Brueggemen, First and Second Samuel (Louisville, John Know Press, 1990), p. 117; Georg Hentschel, Saul. Schuld, Reue und Tragik eines "Gesalbten" (Leipzig: Evangelische Ver- lagsanstalt, 2003), p. 97.

10. Troubled by that paradox, David Kimchi argued that God's commitment not to regret his promise was now channeled into the promise

he made to David to become the king. In his commentary, Mezudat David, the seventeenth-century David Altshuler claimed that God never promised Saul an everlasting dynasty. see as well Isaac Abravanel, Commentary on the Early Prophets (Jerusalem: Torah ve'da'at, 1956), p. 241. On this point, see Bar-Efrat's commentary, pp.195–96. For another intriguing approach to this question see Yairah Amit, "'The Glory of Israel Does Not Deceive or Change His Mind': on the Reliability of Narrator and Speakers in Biblical Narrative," Prooftexts 12 3 (1992) 1, pp. 201–12.

11. God rebukes Samuel for his mistake in assuming that the oldest son, Eliab, should be king, an assumption that Samuel voiced when Eliab was first presented to him: "Ah yes! Before the Lord stands his anointed." And the Lord said to Samuel, "Look not to his appearance and to his lofty stature, for I have cast him aside. For not as man sees does God see. For man sees with the eyes and the Lord sees with heart" (1 Sam 16:6–7). This rebuke (as was noticed already by the Midrash, Yalkut Shimony on Samuel, 108) is related to the presumed power of Samuel as a "seer." The critical attitude toward Samuel conveyed in this section, as in other sections as well, casts doubt on the claim that our author is making a partisan case for the prophetic point of view. The debatable theory that the prophetic northern viewpoint is dominant in the redaction and rendering of the book is adopted by P. Kyle McCarter throughout his Anchor Bible commentary on the Book of Samuel.

12. David's political ambition is powerfully portrayed in the narrative, especially in passages where his attempts to conceal it are nonjudgmentally disclosed. Sent by his father, David arrived at the front in order to bring provisions to his older brothers who were serving in Saul's army. Just as he came onto the battlefield with the provisions, Goliath sallied forth to challenge the Israelites while mocking their God. This information is immediately followed by some remarkable verses containing the first statement uttered by David in the book: "And a man of Israel said, 'Have you seen this man coming up? Why, to insult Israel he comes up! And the man who strikes him down the king will enrich with a great fortune, and his daughter he will give him, and his father's household he will make free of levies in Israel.' And David said to the men who were standing with him, 'What will be done for the man who strikes down yonder Philistine and takes away insult from Israel? For who is this uncircumcised Philistine that he should insult the battle lines of the living God?' And the troops said to him to the same effect, 'Thus will be done for the man who strikes him down' " (1 Sam 17:25–27). David was making sure that the coveted prize had indeed been promised; and, as Alter notes, he concealed his desire for reward and glory with an expression of pious outrage at the religious desecration involved in Goliath's challenge. He was moved to confront the formidable warrior not for personal ambition alone, in other words, but to redeem the honor of Israel and Israel's God. upon hearing of David's inquiry into the reward for accepting Goliath's dare and his boastful proposal to take matters into his own hands, his older brother scolds him: "And Eliab his oldest brother heard when he spoke with the men, and Eliab was incensed with David and he said, 'Why is it you have come down, and with whom have you left that bit of flock in the wilderness? I'm the one who knows your impudence and your wicked impulses, for it's to see the battle that you've come.' And David said, 'What now have I done? It was only talk.' And he turned away from him toward someone else, and he spoke to the same effect, and the troops answered him with words like the ones before" (1

Sam 17:28–30). David's main characteristics, his ambition, his peculiar genius at mixing mundane political motives with high moral and religious goals, his evasiveness, and his confidence and determination are all beautifully presented in the very first words he speaks as a character in the narrative.

13. See Alter's comment on 1 Sam 18:20, p. 115.

14. On the nature of David's inscrutable inner life as thoroughly political, and its stark contrast to Saul's transparent state, see Robert Alter, The Art of Biblical Narrative (Second Edition) (New York: Basic Books, 2011), pp. 143–52. The striking contrast between David's inscrutable opaqueness and the vulnerable exposure of Saul and his family is emphasized as well by Polzin, Samuel and the Deuteronomist, p. 178.

15. In a later stage of the narrative when David becomes the king of Judah and makes a pact with Abner, the commander of Saul's heir's army, to gain control over all of Israel, he demands as a prior condition that he get back Michal who had been taken from him when Saul began to pursue him. In the interim, Michal had been wed to another man. The author of Samuel left us a wonderfully illuminating scene of the forced return of Michal to David, revealing the stark difference between the loving innocence of her then-husband and the politically calculating and amoral disposition of men in power: "And Abner sent messengers to David in his stead, saying, 'to whom should the land belong? Make a pact with me and, look, my hand will be with you to bring round to you all Israel.' And he said, 'Good. I shall make a pact with you. But one thing do I ask of you, namely, you shall not see my face until you bring Michal daughter of Saul when you come to see my face.' And David sent messengers to Ish-bosheth son of Saul, saying, 'Give back my wife, Michal, whom I betrothed with a hundred Philistine foreskins.' And Ish-bosheth sent and took her from her husband, from Paltiel son of Laish. And her husband went with her, weeping as he went after her, as far as Bahurim. And Abner said to him, 'Go back!' And he went back" (2 Sam 3:12–16). As Alter notes in his commentary, Paltiel's moving and innocent weeping, trailing mournfully after his wife as she is taken from him by force majeure and being harshly driven away by Abner, contrasts vividly with the calculatingly political attitudes of David and Saul, neither of whom hesitate to instrumentalize Michal as a pawn in their contest for power. (See Alter's note, p. 211.) At this point David is no longer merely trying to marry into a politically prominent family, which is a nearly universal way of treating women instrumentally in most societies prior to the nineteenth century. Instead, he wants Michal to remain childless so that the Saulide line will expire. Thus, like Saul in the earlier episode, David is here violating a love-bond to eliminate a potential rival to the throne. That is the kind of instrumentalization that deserved to be called cynical, callous, and morally odious.

16. As suggested in note 15 to chapter 1, rulers throughout much of history, and in many societies even today, treat daughters instrumentally, as when Talmai king of Geshur gave his daughter Maacha (mother of Absalom) in marriage to David in order to secure a strategic alliance (2 Sam 3:3–4). This common practice certainly provides a revealing window onto the unsentimental ploys of status-seeking and status-defending families throughout history. But the way Saul instrumentalized Michal's love for David and the way David trampled on the Michal-Paltiel relation have an altogether different and less morally palatable character. After detailing how the single-minded

desire to obtain or retain power can corrupt parental love for daughters, moreover, our author goes on to explore the flip side, that is, how overly indulgent parental love for sons can corrupt and corrode the wise exercise of sovereign power. On this mesmerizing and disorienting effect of paternal sentimentalism on the otherwise calculating exercise of supreme authority, see our chapter 3 below.

17. In order to highlight the differences between Saul and David, the narrative presents them both as being initially dispatched on errands by their fathers. Having been sent by his father to retrieve the stray asses, Saul wished to return home, while David, sent by his father to carry provisions to his brothers, shrewdly and energetically exploited the opportunity, throwing himself into the fight with Goliath and earning thereby a place at court, far away from home.

18. The medieval commentators, following the Aramaic Targum, interpret “he prophesied” as meaning he became mad or incoherent (“vayishtatei”) and, following Rashi, they claim that the analogy makes sense because the words of the prophet and the words of the madman might both be mysterious. See Rashi’s commentary to 1 Sam 18:10.

19. David’s lie is exacerbated by the fact that, while concealing his fugitive status, he adopted a tone of imperative command when addressing Ahimelech. On David’s language see Bar-Efrat’s commentary on verse 4, p. 271, and Alter’s commentary on verse 10, p. 133.

20. Mishnah Berachot, 9, 6.

21. As several commentators have noted, the tearing of the skirt of Saul’s cloak echoes the moment when Saul grasped and tore the skirt of Samuel’s cloak, an act taken by Samuel as a symbol of God’s tearing the kingdom from Saul (1 Sam 15:27–29). The parallel suggests that David, by this rough gesture, dramatized the transfer of the monarchy from Saul to himself.

22. See Polzin, Samuel and the Deuteronomist, p. 210, and Alter’s annota- tion to verse 7, p. 148.

23. The publicly staged demonstration of innocence appears as well in the parallel story narrated in chapter 26. The similarities between these stories have convinced scholars that this is the same story told twice, though some subtle differences are worth noting. On the differences see Bar-Efrat, 1 Samuel (pp. 327–28).

24. On the possible interpretation of the differences between the account given by the Amalekite of Saul’s death and the way it was described and narrated, see Yaira Amit, “The death of Saul Three Variations” (in Hebrew), Beit Mikra 100 (1985), pp. 92–102.

25. In such cases, the text forces its readers to imagine counterfactual options, and indeed medieval commentators argue about what David would have done had he not been excused from the battle. Ralbag, the fourteenth-century Provençal commentator Levi ben Gershon, makes the claim that David would have intervened on the side of Saul’s forces, while Abravanel interestingly refuses to accept such a contention, arguing in emphatic terms that joining the Israelite side would have been a betrayal of his pact with Achish and therefore unworthy of David. If David had participated in the battle, according to Abravanel, he would have played the role of Achish’s bodyguard, only protecting his lord while refraining from attacking the Israelites. see Abravanel, 1 Sam 29:5, p. 301.

26. See Alter’s comment to 1 Sam 30:1, p. 183. Polzin raises the interesting point that David, in this very chapter, after his raid in the desert,

instituted the rule that soldiers who remain in the rear with the gear deserve the same share in the spoils of war as soldiers at the front (1 Sam 30:23–24). Remaining at the rear of Achish's army, therefore, David, following his own ruling, shared with the Philistines at the front responsibility for Saul's defeat. See Polzin, Samuel and the Deuteronomist, p. 223. It is noteworthy as well that the narrative (1 Sam 30:26– 31) makes a point of telling us that when Saul was defeated and David was raiding the south, David sent the spoils of his incursions to the elders of Judah, thus garnering their support and preparing the ground for his own coronation as king of Judah immediately after the defeat and death of Saul.

27. The possibility that the death of Abner, who had made himself strong in the house of Saul, while potentially dangerous for David, may also have served to consolidate David's grip over all of Israel is raised by H. W. Herzberg, I & II Samuel (London: SCM Press, 1964), p. 261, among other commentators.

28. For an incisive analysis of David's ambivalent "favor," see Leo G. Per- due, "Is there anyone left of the house of Saul . . . ?" Journal for the Study of the Old Testament 30 (1984), pp. 67–84. In Absalom's rebel- lion David indeed suspected Mephibosheth of conspiring against him (2 Sam 16:1–4 and 19:25–29). When David was forced to flee from Jerusalem, Mephibosheth stayed out of David's sight and didn't join David in his temporary exile. Mephibosheth's absence was what first triggered David's suspicions (2 Sam, 16:3; 19:26). At a later stage of the narrative (2 Sam 21:1–14) we are told that David handed over seven of Saul's descendants to the Gibeonites to be executed by them as retribution for Saul's breaking the covenant that he had made with them. This passage provides the most powerful evidence for David's drive to eradicate the rival dynasty's male line. We haven't cited this part of the story in building our case for David's instrumental treatment of the deaths of innocent subjects, however, since it seems that the chapter that recounts these events is an appendix that was not part of the original narrative.

29. On the nature of David's inscrutable inner life as thoroughly political, and its stark contrast to Saul's transparent state, see note 14 in chapter 1.

30. Abigail's appeal to David's political self-interest was captured by a passage in the Talmud that constructed the dialogue between Abigail and David in the following manner: "'To have shed blood,' you are going to become the king of Israel and it will be said about you that you are a murderer (one who sheds blood)" (Jerusalem Talmud, Sanhedrin 2, 3). See also Uriel Simon, "Abigail Prevents David from Spilling Blood: Political Violence in the Bible," in Seek and Pursue Peace (in Hebrew) (Tel Aviv: Yedihot Achronot, 2002), pp. 213–14. On the possible political advantage gained by David's eventual marriage to Abigail see Jon Levinson, "1 Samuel 25 as Literature and Politics," The Catholic Biblical Quarterly 40 (1978), pp. 24–8.

31. See footnote 15 to chapter 1 above describing the loving attachment of the anonymous figure Paltiel ben Laish to Michal in contrast with her coldhearted instrumentalization by David and Saul.

32. Our text doesn't reveal how the ghostwife recognized Saul; see Moshe Garsiel's discussion and suggestion in "King Saul in his Distress: Be- tween Samuel the Prophet and the Ghostwife" (in Hebrew), Studies in Bible and Interpretation 6 (2002), pp. 37–8.

33. Saul asked the ghostwife to describe her vision, and from her answer it was clear to him that this was indeed Samuel: "And she said, 'An old man rises up, and he is wrapped in a cloak'" (18:14). It might have been the cloak that conveyed Samuel's presence to Saul. The cloak or robe stands as a constant feature in the narrative of the life of Saul and Samuel and their relationship. on this point, see Polzin, Samuel and the Deuteronomist, pp. 218–19.

34. On the contrast between the mercilessness of Samuel the prophet and the compassion of the ghostwife, see Uriel Simon, "Saul at Endor: The Narrative Balance Between a Pitiless Prophet and a Compassionate Witch," in Reading Prophetic Narratives, translated by Lenn J. Schramm (Bloomington: Indiana University Press, 1997) pp. 73–92. On the compassionate nature of the ghostwife see also Jan P. Fokkelmann, Narrative Art and Poetry in the Books of Samuel, The Crossing Fates, vol. 2 (Assen/Massstricht: Van Gorcum, 1986), pp. 619–22.

W.A.M. Beuken flatly denies the moral heroism of the woman of Endor, arguing (unpersuasively we believe) that the author of the Book of Samuel would never have portrayed an act of human kindness being shown to one whom God had solemnly rejected. "I Samuel 28: the Prophet as 'Hammer of Witches'," Journal for the Study of the Old Testament 6 (1978), pp. 3–17.

第一章

1. We depart here from Alter's translation, which formulates the statement as a question.
2. To emphasize Saul's state of acute paranoia, the narrator has him claim that David had made promises that only a monarch could deliver, such as appointing loyalists to military command and allocating fields seized from defeated enemies. In Saul's anxiety-ridden state, David seems to be distributing in advance the expected spoils of his conspiracy to usurp the throne.
3. As Fokkelman remarks (vol. 2, pp. 381–84), Saul repeats the term "every one of you" (kulkhem) in addressing his inner circle three times within the two verses 7 and 8, and he juxtaposes that expression with the phrase "and none of you was troubled for my sake" that also appears in verse 8. The contrast between "every one of you" and "none of you" is a powerful expression of Saul's paranoia and self-pity, insulating and isolating Saul as one against all.
4. 1 Sam 18:10–12; 19:9–10.
5. On verse 13, see Rashi, who interprets the accusation of oracular sup- port as implying a relationship of subordination to a king; on the same verse, see also Kimchi's remark that the accusation assumes oracular assistance in abetting David's escape.
6. The summoning of Ahimelech is couched in official language by the formal description of Ahimelech as "Ahimelech the son of Ahitub." As Fokkelman notes in vol. 2, p. 394, Saul has swiftly moved from plaintiff to judge, a change of roles that taints the investigation, turning it into a drumhead trial where the priest has zero chances of acquittal.

7. To underscore the priest's unquestioning assumption of David's loyalty to the crown, the narrator makes Ahimelech the only one in the dialogue up to this point who refers to David by name. Saul calls him derogatorily "the son of Jesse," as does Doeg, or "my slave" when accusing him of colluding with Jonathan, who is called "my son" rather than Jonathan. In shifting in verse 8 from "the son of Jesse" to "my slave," Saul expresses his sense of being betrayed by conspirators. Al- though Jonathan and David owe him allegiance due to their relation- ship to him—one is his son and the other his slave—both have colluded secretly against him.

8. Here we follow Bar-Efrat (p. 286–87) and Alter (p. 138) in interpreting verse 15 as a denial on Ahimelech's part, in contrast to others, among them the medieval commentators Rashi and Kimchi.

9. The existence of an inviolable boundary protected by a sense of sa- credness is conveyed by the decision of the bodyguards to disobey Saul's command to execute the priests of Nob in especially striking terms. The bodyguards, we are told, "did not want to reach out their hand to stab the priests of the Lord" (1 Sam 22:17), while Saul's command was "turn round and put to death the priests of the Lord" (1 Sam 22:17). The expression "reach out their hand" signifies a deeper unwillingness and it reminds us of David's own refusal, pronouncing the same words, to commit a sacrilegious act by killing Saul, God's anointed. The bodyguards' refusal to "reach out their hand" is also used to cast doubt on Saul's claim, in the same verse, concerning the priests: "for their hand, too, is with David" (1 Sam 22:17).

10. This example of Saul's inability to coerce his armed enforcers should be compared with the earlier episode when Saul condemned Jonathan to death for having violated the oath, of which he knew nothing, to forsake all food during the day of battle. In the end, "the troops saved Jonathan, and he did not die" (1 Sam 14:45–46).

11. David's decision to keep away from the battlefield might conceivably be justified by analogy to what we are told in a later passage, where, after Abishai saved David from certain death in combat, his servants swore an oath that the monarch must never more be allowed to ex- pose himself so rashly and must therefore never be allowed to lead them in war again, lest his death "snuff out the lamp of Israel" (2 Sam 21:17).

12. The verb "to send" appears eleven times in the narrative.

13. The opening verse, "And it happened at the turn of the year, at the time the kings sally forth," has a textual variant which substitutes "messengers" for "kings." This variant reading has developed because of the similarity between "melakhim," which means kings, and "mala'akhim," which means messengers. There is a good reason to assume that the variant might point to a duality consciously implanted by the author, as Polzin has noted (David and the Deuteronomist, pp. 109–11). The variant "kings" establishes a contrast with the behavior of David who conspicuously did not sally forth, while the variant "messengers" resonates with the rest of the story, which foregrounds the pivotal role of messengers and sending.

14. In the Hebrew, David's triple question, "How Joab fared and how the troops fared and how the fighting fared," is emphasized by the term "li-shlom," which could be literally translated as "the peace of." our author uses this sequential, cumulative inquiry into the fortune

("peace") of different subjects and the war itself to emphasize David's calculated attempt to craft an alibi to explain his summoning of Uriah. It also highlights the gap between David's pretended care for the well-being of his troops and his self-serving betrayal of Uriah. On this point, see Bar-Efrat, 2 Samuel, p. 111. It is also worth noting that Uriah's answer is not reported. This suggests, but doesn't prove, that the king has no real interest in an answer and that his questions were in fact disingenuous.

15. The disparity between David's treachery and Uriah's fidelity is accen- tuated by the use of the same verb "va-yishkav" ("lay"), for David's having sexual intercourse with Bathsheba, "he lay with her" (verse 4), and for Uriah going to sleep with the servants, "And Uriah lay at the entrance of the king's house" (verse 9).

16. Meir Sternberg has raised the issue of Uriah's possible knowledge and David's possible awareness of Uriah's knowledge as an intentional gap meant to be filled by the reader in different directions. See Meir Sternberg, The Poetics of Biblical Narrative: Ideological Literature and the Drama of Reading (Bloomington: Indiana university Press, 1987), pp. 201-12. Responding to Sternberg's essay, Uriel Simon makes a powerful and plausible argument that no such gap actually exists in the narrative, and that Uriah was, beyond question, a loyal and innocent soldier manipulated by the king. "An Ironic Approach to a Bible story: on the Interpretation of the story of David and Bathsheba" (in Hebrew) Hasifrut 2 (1970), pp. 598–607.

17. Uriah is described by Abravanel in the following manner: "and it was because of Uriah's virtuousness that he didn't open the letter and didn't read what was in it and handed it to Joab" (2 Sam 11:11, p. 342).

18. The indirect and deniable use of the enemy to kill a rival is reminiscent of Saul's attempt to kill David via the Philistines in 1 Sam 18:25–26.

19. The Talmud suggests a difference between the servants of Saul, who refused to perform Saul's illegitimate command to kill the priests of Nob (analyzed in the first section of this chapter), and Joab's obedience to David. From the Talmud's perspective, Saul's subordinates had the courage to refuse Saul's direct, face-to-face command, while Joab im- plicitly followed instructions written to him in a letter. "They (Saul'' servants) were (commanded) by mouth and didn't follow, and he (Joab) was commanded by letter and he followed" (Babylonian Talmud, Sanhedrin 49a). In the Talmud's account, the contrast between conscientious objection and unreflective obedience, portrayed in these two narratives, reflects the way our author explores two very different structures of political violence.

20. The gap between David's command and Joab's performance is ana-lyzed in Sternberg's essay, pp. 213–14.

21. Sternberg (pp. 214–18) offers another interpretation of Joab's peculiar way of telling the news to the king, ascribing to Joab the desire to tease David and play with his emotions. Alter, more attuned to the political nature of this narrative, makes the argument that Joab's attempt to micromanage the messenger's report was a matter of political calculation: "Might this, too, be calculated, as an oblique dissemination of David's complicity in Uriah's death, perhaps to be used at some future point by Joab against the king?" (Alter's commentary on verse 21, p. 255).

22. Throughout the chapter, the author avoids any condemnation or negative evaluation of David's actions. The story is recounted in a

matter-of-fact rhythm and powerful tone of amoral neutrality that reflects, in the very style of writing, the benumbed dissociation of actor from action that David himself connived to impart. It is only in the last verse that the narrator discloses that David's actions were evil in the eyes of God. The delayed delivery of this negative evaluation and the subsequent punishment makes it seem at first that all is well and that the king's plot has succeeded in masking his crime through a chain of delegated actors. David married Bathsheba and the child was born and then, only after some time has passed, the moral reckoning begins, piercing retrospectively through multiple veils of dissociation and concealment.

23. Bar-Efrat points to the parallel usages of the sword in both David's message to Joab "for the sword devours sometimes one way and some- times another" and Nathan's prophecy "the sword shall not swerve from your house evermore." see his commentary on 2 Sam 12:10, p. 121.

第三章

1. For the widely recycled contrary view that all political misfortune in the Book of Samuel can be explained solely and exclusively as divinely orchestrated retaliation for disobedience to God's commands, see, for example, R. P. Gordon, 1 & 2 Samuel (Sheffield: JSOT Press, 1984), p. 10.
2. The order in which David's sons were born is detailed in 2 Sam 3:2–5. Although he was chronologically number ten among David's seventeen surviving sons, Solomon was the one who eventually inherited the throne. For a discussion of why, after Amnon, Absalom, and Adonijah were killed, the other six potential heirs were bypassed in Solomon's favor, see Walter Dietrich, David. Der Herrscher mit der Harfe (Leipzig: evangelische Verlagsanstalt, 2006), p. 180ff.
3. Absalom descended from a royal family on his mother's side as well, setting him apart from the rest of David's sons and providing yet an- other motive for his impatiently aspiring to the throne.
4. The degree to which, at this stage of biblical literature, the incest taboo applied to brother and sister from a common father but with different mothers is contested among scholars. some scholars claim that, even though biblical law explicitly prohibited such relations (Leviticus 20:17, Deuteronomy 27:22), our narrative might reflect earlier legal norms according to which half-sibling marriages were not considered incestuous. This is the opinion of Shimon Bar-Efrat, Narrative Art in the Bible translated by Dorothea Shefer-Vanson (Sheffield: Sheffield Academic Press, 1987), pp. 239–40. Some evidence for this point of view is provided by Tamar's appeal to Amnon later in the narrative: "And so, speak, pray, to the king, for he will not withhold me from you" (13:13). The Talmud finds another way to circumvent a possible incest taboo (Babylonian Talmud, Sanhedrin 21a). Other interpreters assume that Tamar's plea was merely an attempt to gain time to avoid the rape.

5. In the Talmud, Jonadab is described as "wise in evildoing" (Sanhedrin 21a); see as well Rashi's comment on verse 13:3.
6. The inappropriateness of Amnon's pining away in listless depression is stressed by Jonadab's decision to address him not by name but as "ben ha-melekh" (the son of the king) in verse 4.
7. Without denying the possibility that Jonadab scripted a clash between Amnon and Absalom from personal resentment, Joel Rosenberg correctly notes that "Jonadab's motives are allowed to lie shrouded in innuendo." Among other interesting readings, he mentions the suggestion in 2 Sam 13:32–33 that Jonadab was acting as Absalom's secret agent all along, tempting Amnon into a rape which would justify a revenge killing and the elimination of Absalom's chief rival to the throne. Joel Rosenberg, King and Kin. Political Allegory in the Hebrew Bible (Bloomington: Indiana university Press, 1986), pp. 141–42, 157–58.
8. See the use of the verb "le-labev" in Song of Songs 4:9. on this dis- guised sexual reference, see Yair Zakowitch, David: From Shepherd to Messiah, (in Hebrew) (Jerusalem: Ben Zvi Press, 1995), p. 86, and Kyle Mccarter, The Anchor Bible, II Samuel, p. 322.
9. In his extended literary analysis of this chapter, Bar-Efrat points out that David's request/order to Tamar is phrased differently than Amnon's request to David (Narrative Art in the Bible, pp. 254–55). Amnon asked for the food to be prepared "before my eyes, that I may take nourishment from her hand" (2 Sam 13:7). In issuing his command, David omitted the personally suggestive elements, instructing Tamar as follows: "go, pray, to the house of Amnon your brother, and prepare nourishment for him" (2 Sam 13:7–8). In David's version, Tamar was sent to the "house of Amnon," not to Amnon. This paternal rephrasing of the son's request is a subtly crafted way of disclosing how David reassures himself, almost self-deceptively, by eliding Amnon's more revealing language.
10. See Deuteronomy 22:25. On rape and sexual offenses in biblical and ancient Near eastern laws, see Samuel Greengus, Laws in the Bible and in Early Rabbinic Collections: The Legal Legacy of the Ancient Near East (eugene: cascade books, 2011), pp. 60–70, esp. pp. 63–66. on our passage in particular, consider Tikva Frymer-Kensky, Reading the Women of the Bible (New York: Schocken Books, 2002), pp. 165–66.
11. Deuteronomy 22:28–29; cf. Greengus, Laws in the Bible and in Early Rabbinic Collections, pp. 63–68.
12. Another possible translation for "zot" could have been "that one." As Kyle Mccarter notes (p. 325), Amnon's order to send Tamar "away from me" has a stronger nuance of contempt in the Hebrew term "mea'lay," as if Tamar is a burden to be removed. Bar-Efrat (Narrative Art in the Bible, pp. 268–69) points as well to two other features that magnify the contempt expressed in Amnon's order. One is the added term "hachutza" (outside) and the other is the powerful verb "ne'ol" (to bolt), suggesting that Tamar will keep trying to get in, so that it is not enough to send her out or merely close the door. Consider also Frymer-Kensky, Reading the Women of the Bible, p. 164: "Amnon does not say 'woman'; he says, 'that.' he has totally dehumanized her."
13. Isaac Abravanel, given his own personal direct and tragic experience with politics, was an astute political reader of the Book of Samuel. In his commentary he makes the point that Absalom's killing of Amnon was motivated as well by political calculations, interpreting David's future resentment of Absalom in the following way: "David thought in his heart that Absalom wasn't awakened to kill Amnon

his brother solely because of Tamar, but rather, as well, because Amnon was his older brother and the lawful heir. Absalom killed Amnon to prevent him from becoming the future king inheriting his father's throne, so that he can become the king" (2 Sam 15:1, p. 360). Central to our reading of Samuel is the way the presumably sacred and nonstrategic duty of revenge is repeatedly exploited for purposes of political expediency, as with Joab's killing of Abner, discussed above in chapter 1, and the dying David's instruction to Solomon to have Joab himself put to death, allegedly in retribution for Joab's murders of Abner and Amasa, discussed in the conclusion.

14. Some scholars, including Kyle Mccarter, are of the opinion that, even though
the Masoretic text doesn't have the clause "because he loved him since he was his firstborn," the clause is an integral part of the text as it appears in the Septuagint and the manuscript variant from Qumran, and that it was deleted in the Masoretic text by a scribal error of skipping a line. See Mccarter's note (pp. 319–20). Alter's counterargument in his commentary on verse 21 (p. 271) seems plausible to us.

15. Absalom's strategy for convincing his father was perceptively cap- tured by Ralbag in his commentary to 2 Sam 13:24: "And it was pre-planned by Absalom to ask the king that he should come with his servants to eat and drink and celebrate with him, knowing that this will be an unaccepted (invitation) and the king will not agree to that, but Absalom made the offer so the king will agree in the end to send Amnon, and he will not be attentive to Absalom's hatred of Amnon for what he did to his sister Tamar."

16. On David's inchoate suspicions, see Bar-Efrat's commentary to 2 Sam 13:26, p. 141.

17. It is also difficult to resist the following thought, even though it grazes the shores of speculation. In telling David that only Amnon was killed, and casually revealing his own awareness that the assassination plot had been brewing since the day of Tamar's rape, Jonadab, besides consoling the king, may also be pouring salt on his wounds. The king must have thought the following: "If Jonadab was fully aware of this danger from the day Amnon raped his sister Tamar, how could it have eluded me? And how could I have sent Amnon to expose himself unprotected to Absalom's wrath? I knew of Amnon's crime, and I was incensed by it. I wondered aloud why Absalom was insisting on Amnon's coming to his wool-shearing festivity and I was therefore, in effect, an accomplice in Amnon murder. Jonadab's seemingly innocent expressions of comfort, in other words, had a sharp edge. In comfort- ing David, he may have actually wished to grieve him inconsolably.

18. Another brilliant case, revealing our author's awareness of the information-deficit that afflicts all rulers, appears in the later narrative of David's flight from Jerusalem after Absalom's rebellion. On his way out of the city, David was followed by Ziba who had been the servant of Mephibosheth, Jonathan's crippled son. As we discussed in chapter 1, Mephibosheth, the last remnant of the Saulide family, was summoned to sit at David's table in Jerusalem. Wanting to show his utter loyalty to David, Ziba brought with him a large quantity of supplies to help David and his men to survive their exile from the city. Mephibosheth, on the other hand, had stayed in Jerusalem. Suspicious of Mephibosheth's absence, David asked Ziba the whereabouts of his master. At this point, Ziba misinformed David: "Why, he [Mephibosheth] is staying in Jerusalem, for he has said, 'today the house of Israel will give back to me my father's kingdom.'" (2

Sam 16:3). This was a lie, but Ziba's calculated disinformation was brilliantly self-serving. It succeeded by playing on David's fears and suspicion of the possible revolt of the Saulide faction. Immediately upon hearing from Ziba that Mephibosheth was supposedly conspiring against him, David issued the following order: "And the king said to Ziba, 'look, everything of Mephibosheth's is yours!'" (2 Sam 16:4). The ruler is a magnet for such lies precisely because of the great power he wields, including the capacity to transfer ownership of land by fiat. Being isolated at the top of the hierarchy, out of touch with the realities on the ground, and always depending on mediators, moreover, the ruler is acutely vulnerable to being manipulated by artfully dosed disinformation.

After the rebellion had failed, Mephibosheth denied the charges against him, claiming that Ziba intentionally abandoned him in Jerusalem, exploiting his crippled and immobile condition. David may have believed him, may have been unwilling to admit to being fooled by Ziba, or may have been unable to make up his mind about what actually had happened. In any case, he ended up making an incoherent decision, ordering the property split between Mephibosheth and Ziba rather than restoring it all to Mephibosheth (2 Sam 19:30). This is yet another precious moment in our author's uncannily subtle grasp of political realities. For another such possible case of manipulating the sovereign by feeding him disinformation, see below note 4 of chapter 4.

19. See, for example, Zakowitch's fine analysis of the echo of the sexual as Sault on Joseph by Potiphar's wife (genesis 39) in the narrative of the rape of Tamar in David: From Shepherd to Messiah, pp. 87–9, as well as Polzin's astute analysis of the echoes of the rape of the concubine in Gibeah that led to the civil war in the last chapters of the Book of Judges, in David and the Deuteronomist, pp. 136–39.

20. Kimchi in his commentary drew attention perceptively to the mixed motives of the family: "The family members aim to annihilate my hus- band's remnant and destroy the heir so they will inherit my husband's property" (2 Sam 14:7). As mentioned above, the theme of mixed motives is ubiquitous in the Book of Samuel, also recurring, for example, in Absalom's multiple overlapping reasons for avenging the rape of Tamar.

21. The continuous pressure exerted by the wise woman, unsatisfied by the king's verbal commitments, is emphasized by Bar-Efrat in his commentary, 2 Sam 14:10 (p. 150).

22. It seems that the conventional punishment for a murder within the family was exile; such was the case with Cain, who was condemned to permanent exile and homelessness for the murder of his brother. The break with this norm is emphasized in the wise woman's lament that her clan seeks the death of her surviving son, accused of fratricide. The logical implication that excessive punishments for fratricide should be alleviated by royal decree—the central message of Joab's script—is strengthened by an allusion to the Cain and Abel narrative in the widow's description of the murder as occurring in the field: "and they quarreled in the field, and there was no one to part them, and one struck down the other and caused his death" (2 Sam 14:6), echoing genesis 4:8. As Kyle Mccarter notes in his comment to this section (p. 351), the wise woman framed the story so that the brother may have acted from self-defense in a spontaneous quarrel and thus may not have been guilty of murder after all. By recounting her sham case in such a manner, she maneuvered the king into granting royal protection to a purported fratricidal killer, a decree that also seemed applicable to Absalom's fratricide, which was nevertheless

essentially different since the latter had been a planned, premeditated, and public killing.

23. Alter p. 282; see also Bar-Efrat who notes the fatefully cold and formal manner of this reconciliation in his annotation to 2 Sam 14:33, p. 156.

24. Absalom's chariot with horses and fifty men running before him recalls one of the characteristics of kingship against which Samuel inveighed in his memorable antimonarchical harangue: "Your sons he will take and set for himself in his chariots and in his cavalry, and some will run before his chariots" (1 Sam 8:11).

25. Particularly striking is the way Absalom exploits the popular grievance: "You have no one to listen to you from the king." Because being ignored is a permanent experience of individual subjects facing the impersonal political machine, Absalom can project a false "personal" touch by addressing aggrieved individuals outside official alienating structures. See Alter's note to 15:3, p. 283. Mccarter makes the nice point that Absalom is especially alive to this kind of popular resentment because of his own recent experience of being shunned by the "unresponsive and inaccessible" king (II Samuel, p. 357).

26. At least a third of David's forces consisted of Philistine mercenaries led by Ittai the Gittite, and including as well the palace guard, made up of Cherethites and Pelethites. When David fled Jerusalem, they joined him in his escape, even though David, testing their loyalty, suggested that they stay in the city: "for you are a foreigner, and you are also in exile from your own place. Just yesterday you came, and today should I make you wander with us . . . turn back, and bring back your brothers" (2 Sam 15:20). responding with the ultimate expression of loyalty, Ittai said, "As the lord lives, and as my lord the king lives, whatever place that my lord the king may be, whether for death or for life, there your servant will be" (2 Sam 15:21). Thus, David was saved by, among other factors, personally loyal foreign forces led by an officer from Gath, a Philistine city-state in whose army David had once served as a mercenary leader. Alexander Rofe has pointed to the heavy reliance on foreigners in David's standing military and bureaucracy as the principal reason for Absalom's widespread support both among David's own tribe, Judah, and the rest of Israel's tribes. This foreign-manned standing army, with its reliance on taxes and forced labor, and the central role assigned to foreigners in running the kingdom broke the traditional tribal structures; and the resent- ful tribes arguably found their leader in Absalom. see "David's State: The Revolution and Civil War" (in Hebrew), Beit Mikra, 42 (1997), pp. 315–19.

27. The uses of the Ark as a fetishized object, carried along with the bag- gage trains of the army as a way to force God's direct participation in battle (regardless of the moral and religious standing of those who aim to instrumentalize the Ark as a weapon of war), is a central theme at the beginning of the Book of Samuel. In 1 Sam 4–6, the author critically explores the fetish problem in relation to the demise of the corrupt lineage of the priests. Later, when David attempted to bring the ark to Jerusalem, he too was taught the dangers of attempting to recruit the ark as a legitimating political tool; this concern comes into focus in 2 Sam 6. Abravanel astutely made the following observation in his commentary: "David commanded the return of the Ark to Jerusalem since he was concerned with the Ark's honor, and he also feared that God would punish him for abusing the Ark as God did in the days of eli when Israel brought God's Ark to war

without God's command and they were punished" (2 Sam 2:15, p. 364).

28. David's humility is expressed by the fact that, when he imagines a possible atonement and restoration, he mentions finding favor in the eyes of God who "will bring me back and let me see it and its abode" (2 Sam 15:25). As Bar-Efrat notes in his commentary (p. 169), no mention is made of a return to full control and power, but rather solely of mending his standing before God. It is also interesting to note a reversal implicit in the narrative: in the story of the killing of Uriah, David stayed in Jerusalem while the Ark was on the move with the army in the field; but this time David is forced to leave the city while the Ark remains in Jerusalem.

29. In 2 Sam 21, we are told that David handed the two sons of Rizpah, Saul's concubine, and the five sons of Merab, Saul's legitimate daughter and Michal's elder sister, to be killed by the Gibeonites in order to appease them. This chapter is rightfully regarded by scholars as an appendix to the book rather than an integral part of the narrative that we are analyzing. As a result, the extent to which these events contributed to the anger of the Saulides as described in our narrative remains uncertain.

30. Abishai is portrayed here as true to himself, befitting the tension de- veloped throughout the narrative between Joab's and Abishai's brand of power politics and David's far more sophisticated approach to achieving and maintaining power. This encounter thus reminds us of David's refusal to allow Abishai to murder the defenseless Saul (1 Sam 26:8–9) just as he here refuses to allow Abishai to murder Shimei who was pleading for forgiveness (2 Sam 19:22–24). For a different evaluation of David, Abishai, and Shimei in these verses see, Timothy F. Simpson, "Not 'Who Is on the Lord's side?' but 'Whose side Is the Lord on?': contesting claims and divine Inscrutability," in "2 Samuel 16:5–14," Studies in Biblical Literature vol. 152 (New York: Peter Lang Publishing, 2014) pp. 53–92.

31. Polzin notes that David, in verse 12, employs the same verb "heshiv" (translated by Alter as "to requite") also used by Shimei in his curse: "The LORD has brought back (heshiv) upon you." On the importance of this verb throughout the narrative, see Polzin, David and the Deuteronomist (pp. 156–58).

32. Here, as always with David, the moral-religious dimension is intertwined with political calculus. It might be that David thought that killing Shimei, a member of Saul's clan, would open up another front for him at a moment of vulnerability and would also alienate the tribe of Benjamin by confirming his irreconcilable hostility to the house of Saul. David's eventual deathbed order to put Shimei to death, although it might possibly signal a change of heart, could also demonstrate that already in this initial encounter David was motivated by political expediency in not retaliating against Shimei, so that when such leniency no longer brought palpable political advantage, he felt free to have Shimei killed. On this issue, see our concluding chapter.

33. Focusing on Ahitophel's words, "and the hand of all who are with you will be strengthened" (2 Sam 16:21), Rashi makes the following point: "Now they are hesitant in supporting you since they say in their heart 'the son will reconcile with his father and we will become the king's enemies'" (2 Sam 16:21).

34. Shimon Bar-Efrat presents a meticulous literary reading of the rhetorical force of Hushai's speech in Narrative Art in the Bible (Sheffield: Sheffield Academic Press, 1989), pp. 223–37.

35. Mishnah Sotah 1, 8.
36. Here again, killing through subordinate agents is a mark of power; recall that Absalom himself killed Amnon by commanding his lads (young servants) to do the deed (2 Sam 13:28–29).
37. The narrative makes use of the term “shalom” (all is well) in order to heighten David’s acute concern for his son. The messenger Ahimaaz began his statement with “shalom!” (“All is well”) (2 Sam 18: 28). David, on the other hand, was concerned with the well-being of one subject—his son—and he responded to the message with the following question: “ha-shalom la-na’ar Abshalom” (“is it well with the lad Absalom”) (2 Sam 18:29). As Alter notes, the word shalom is the last part of Absalom’s name in Hebrew. There is also a bitter irony in the fact that the first syllable of Absalom (Avshalom) relates to the father (“Av”).
38. Levi ben Gershon (Ralbag) makes the following astute point concerning David’s guilt: “And David cried in this exceptional way over the death of Absalom since he knew that the death was caused by his own transgressions” (Ralbag on 2 Sam 19:1).
39. The ruler’s power, as this episode makes clear, depends on the undying and nonstrategic loyalty of his troops. This is why Joab defines David’s mistake not as sacrificing warmhearted love to coldhearted power but as loving those who hate you and hating those who love you (2 Sam 19:7). By interweaving state structures with the king’s intimate family, dynastic monarchy sets the stage for a fatal clash between the king’s sentimental and indulgent attachment to his male heirs and the absolute necessity of retaining the uncalculating allegiance of his military followers. This is what we mean by the clash between the logic of love and the logic of power.
40. Bar-Efrat notes that Joab addressed the king with no deference, com-pletely out of line with the manners of the court (commentary on II, 19:6, p. 201). In speaking this way, Joab communicated to David how much of his soldiers’ respect he had lost. Joab’s threat to abandon the king and desert with the rest of the army was real. Indeed, his defection was imminent. rather than pleading with the king, he commanded him in a curt sequence of orders: “And now, rise, go out, and speak to the heart of your servants” (2 Sam 19:8).
41. Jan Fokkelman astutely analyzed the gap between Joab’s order and David’s feeble performance; see Narrative Art and Poetry in the Books of Samuel, vol. 1, p. 274.
42. Absalom’s rebellion, having exposed David’s deteriorating grip on power, was followed by another rebellion by a Benjaminite leader, Sheba son of Bichri, against David, a rebellion narrated in 2 Sam 20. This second rebellion was crushed by Joab who, while achieving victory, also managed to kill Amasa, who had been chosen by David to replace Joab as the leader of the army sent to fight the rebellion. David might possibly have picked Amasa as the new leader of his army, even though he had led Absalom’s army of rebellion, in order to reconcile with the principal supporters of Absalom’s rebellion. In addition, the replacement of Joab by Amasa might have been motivated by David’s need to punish Joab somehow for his killing of Absalom.

1. That our author wants us to see Adonijah's brazen grab for the throne as a direct result of David's lifelong pampering of his male children is stressed by Mordechai Cogan, I Kings, in The Anchor Bible (New York: Doubleday, 2001), p. 157.
2. Ralbag, among other medieval commentators, pointed to Joab's interest in supporting Adonijah: "And Joab was drawn to Adonijah and supported his scheme to become the monarch in order that he will love him and will not depose him from his role as the commander of the army, since it was clear to him that David intended to depose him from his rank because of what happened with Absalom" (1 Kgs 1:7).
3. Jan Fokkelman suggests that the narrator stresses David's inaction and passivity by the use of the verb yad'a—to know. David didn't have sexual intercourse with Abishag: "The king knew her not" (1 Kgs 1:4), nor was he aware of Adonijah's plot as Nathan said: "and our lord David knows it not" (1 Kgs 1:11). Impotence and ignorance are here tied together. Narrative Art and Poetry in the Books of Samuel, vol. 1, p. 350.
4. Some commentators raise doubts about whether this oath was ever sworn since, as Alter points out in his annotations (1 Kgs 1:13, p. 366), no such vow was mentioned in the prior narrative. This omission opens the possibility that Nathan, in order to secure Solomon's succession, was turning the tables on an inveterate dissimulator, exploiting David's aging condition to implant by power of suggestion a made-up oath that the dying king had once purportedly sworn. See as well R. N. Whybray, The Succession Narrative, p. 40; and David Gunn, The Story of King David: Genre and Interpretation, pp. 105–6.
5. This was also the aim of the statement Bathsheba made while addressing David: "And you, my lord the king, the eyes of all Israel are upon you to tell them who will sit on the throne of my lord the king after him" (1 Kgs 1:20).
6. See Alter's convincing comment on 1 Kings 2:3–4 (p. 374).
7. McKenzie empties this question of any significance, arguing that David's waiting for more than thirty years to punish Joab for killing Abner means that he could not, in fact, have wished it on his deathbed. He believes that nothing can be learned from I Kings 2:1–11 about the moral psychology of dynastic monarchy, therefore, because he reads the entire last will and testament as mere royal propaganda concocted by Solomon's spin doctors who wished to attribute the bloody beginning of Solomon's reign to David's final instructions. Steven L. McKenzie, King David: A Biography, pp. 178–79. For the contrary claim that David's will was intended by our author not only as a genuine lesson in statecraft, delivered from father to son, but also as David's last act of statecraft, meant to "protect Solomon against the accusation of paying off personal scores," see J. Robinson's commentary to 1 Kings 2:1–4 in The First Book of Kings (Cambridge: Cambridge university Press, 1972), p. 38.
8. The possibility that the murder of Amasa, an insubordinate general and defector who had just conducted a disastrously losing military campaign, served not only Joab's personal ambitions but also David's deeper dynastic interests is raised by Baruch Halpern, David's Secret Demons, pp. 90–91, 371.
9. Consistent with the decision to leave the motives of his characters tantalizingly ambiguous, the author here opens up the possibility that Bathsheba's agreement to act on Adonijah's behalf was motivated by her awareness that his audacious request provided the perfect

opportunity to remove him from the scene. See Alter's comment on 1 Kings 2:18 (p. 378). Fokkelman (vol. 1, p. 395) points to a subtle difference in Bathsheba's presentation. Adonijah used the following language in addressing Bathsheba: "And now, there is one petition I ask of you, do not refuse me" (1 Kgs 2:16). When Bathsheba conveyed Adonijah's request to solomon she reformulated slightly Adonijah's language: "There is one small petition that I ask of you, do not re- fuse me" (1 Kgs 2:20). The addition of the word "small" might be an expression of Bathsheba's desire to assist Adoniajah as Fokkelman claims, or it might point to an even greater savviness on the part of Bathsheba, who may have wished to provoke Solomon's fury by pretending Adonijah's request was a small matter.

10. Rosenberg remarks, along he same lines, that this is how the throne is "secured." Joel Rosenberg, King and Kin. Political Allegory in the Hebrew Bible (Bloomington: Indiana university Press, 1986), p. 187.

11. In running to seek asylum at the altar, Joab incriminated himself as well.
The Septuagint version adds the following conversation to the text: "Solomon sent the message to Joab: 'What have you done, fleeing like that to the altar?' Joab said: 'because I fear you, I have fled to the LORD.' Thereupon Solomon sent Beniah." As Fokkelman claims, this added exchange is too explicit, and diverges from the subtlety of the text as it appears in the Masoretic version. See, Narrative Art and Poetry in the Books of Samuel vol. 1, p. 399, note 15.

12. Adonijah's introduction to his request to Bathsheba—"You yourself know that mine was the kingship and to me did all Israel turn their faces to be king" (1 Kgs 2:13)—discloses the blind pretentiousness and pathetic feebleness of his ploy. How could he assume that Bathsheba shares that sort of self-indulgent judgment? It should have been clear to him that she was aware of the fact that if he had become the king then Solomon, her son, would have been killed. Formulating Adonijah's self-presentation in this manner is the author's way of revealing that a residual ambition for the crown still haunted the defeated prince. While Adonijah wished to present a case for compensation he was, at the same time, revealing his unsated ambition.

13. Abravanel makes the point that David's initial pardon of Shimei was motivated by David's desire to reconcile with the Benjamite constituency, emphasizing the fact that when Shimei appealed to David for forgiveness after he had defeated Absalom, Shimei arrived with a company of one thousand Benjamites: "When Shimei saw that Absalom died and David was returning to Jerusalem, he was worried that he will be punished for his cursing of the king and therefore he approached him to ask for atonement and forgiveness and he brought with him a thousand men from Benjamin and Ziba his sons and slaves, so that David will be afraid to punish him since he will make all of them his enemies" (Abravanel, 2 Sam 19: 18, p. 374) and see as well Abravanel's comment on 1 Kings 2:8, p. 499.

結論

1. The literary conceit that the Book of Samuel represents an attempt to cover up David's dark motives and darker deeds, central to the

entertaining historical novel by Stefan Heym, The King David Report (New York: Putnam, 1973), shipwrecks on the totally explicit and unsqueamish way in which the Samuel author dramatizes the distinction between justification and motivation, indispensable to the book's view of the exercise of sovereign authority. The same comment applies to the scholarly book by Baruch Halpern cited in footnote 4 to the Introduction.

2. On the changing conception of God's intervention in history as re- flected in the "succession Narrative," see Gerhard von rad, The Problem of the Hexateuch and Other Essays, translated by e. W. Trueman Dicken (London: SCM Press, 1984), pp. 196–204.

3. To say that, for the ruler, power becomes an end-in-itself is somewhat misleading, admittedly, when the purpose of his clinging to power in- cludes avoiding being put to death. In this sense, the kings of ancient Israel continued to view sovereign power instrumentally, even though the purpose it served was personal and dynastic survival, not national defense. Yet the experience of wielding supreme power was and re- mains psychologically addictive, potentially making the loss of supreme authority feel like a dissolving of personal identity. The emotional-moral identification of the ruler with the power he wields is what we have in mind when we say that sovereignty, which the people accept as a means for collective defense, easily becomes an end-in-itself for those who exercise it.

國家圖書館出版品預行編目資料

當權力背叛人民：〈撒母耳記〉中權力興起的歷程,以及我們該如何看待所有的掌權者/墨實.霍伯塔(Moshe Halbertal), 史蒂芬.霍姆斯(Stephen Holms)著；高霈芬譯. -- 初版. -- 臺北市：遠流出版事業股份有限公司, 2023.01
面； 公分
譯自：The beginning of politics : power in the biblical Book of Samuel
ISBN 978-957-32-9910-3(平裝)

1.CST: 撒母耳記 2.CST: 聖經研究 3.CST: 權力

241.25 111019773

■當權力背叛人民：〈撒母耳記〉中的權力興起歷程，以及我們該如何看待所有的掌權者■THE BEGINNING OF POLITICS : Power in the Biblical Book of Samuel■作者/墨實・霍伯塔（Moshe Halbertal）、史蒂芬・霍姆斯（Stephen Holms）■譯者/高霈芬■行銷企畫/劉妍伶■責任編輯/陳希林■封面設計/陳文德■內文構成/6宅貓■發行人/王榮文■出版發行/遠流出版事業股份有限公司■地址/104005臺北市中山區中山北路一段11號13樓■客服電話 02-2571-0297■傳真/02-2571-0197■郵撥/0189456-1■著作權顧問/蕭雄淋律師■2023年01月01日■初版一刷■定價/平裝新台幣360元（如有缺頁或破損，請寄回更換）■有著作權・侵害必究/Printed in Taiwan■ISBN：978-957-32-9910-3■ http://www.ylib.com■E-mail: ylib@ylib.com
THE BEGINNING OF POLITICS Power in the Biblical Book of Samuel
Copyright © 2017 by Princeton University Press
Published by Princeton University Press, 41 William Street, Princeton, New Jersey 08540
All rights reserved. No part of this book may be reproduced or transmitted in any form or by any means, electronic or mechanical, including photocopying, recording or by any information storage and retrieval system, with permission in writing from the Publisher.
Complex Chinese translation copyright © 2023 by Yuan Liou Publishing Co., Ltd.